URSULA WOLTERS
Lösungsorientierte Kurzberatung

Was auf schnellem Wege Nutzen bringt

ROSENBERGER FACHVERLAG LEONBERG

Bibliografische Information der Deutschen Bibliothek

Die Deutsche Bibliothek verzeichnet diese Publikation in der Deutschen Nationalbibliografie; detaillierte bibliografische Daten sind im Internet unter http://dnb.ddb.de abrufbar.

© 2006, 2004, 2000 by Rosenberger Fachverlag, Leonberg
Das Werk einschließlich aller seiner Teile ist urheberrechtlich geschützt. Jede Verwendung außerhalb der engen Grenzen des Urheberrechtsgesetzes ist ohne Zustimmung des Verlages unzulässig und strafbar. Das gilt insbesondere für Vervielfältigungen, Übersetzungen, Mikroverfilmungen und die Einspeicherung und Verarbeitung in elektronischen Systemen.
www.rosenberger-fachverlag.de

Umschlaggestaltung: Eva Martinez, Stuttgart
Lektorat: Manuela Olsson, M.A., Göppingen
Satz: UM-Satz- & Werbestudio Ulrike Messer, Weissach
Druck: AALEXX Druck, Großburgwedel
Printed in Germany
ISBN-10: 3-931085-24-4
ISBN-13: 978-3-931085-24-7

Inhalt

1 Was ist lösungsorientierte Kurzberatung? 1

2 Probleme lassen sich nicht lösen!
  Einige Gedanken zur Differenz von Problem
  und Lösung 5

3 Wodurch unterscheidet sich die Kurzberatung
  von anderen Beratungsformen? 9

4 Beraten will gelernt sein! 13
  Hilfe zur Selbsthilfe 14
  Der Beratungsprozess 15
  Verhaltenseigenschaften des Beraters 17
  Äußere und innere Rahmenbedingungen 18

5 Grundlagen der lösungsorientierten Kurzberatung 25
  Beratungsfelder 26
  Lösungskompetenz des Klienten 28
  Geduld und Zuhören 31
  Denkfehler aufspüren
  (A. T. Beck, A. Ellis, P. Watzlawick) 33

6 Beratungstechniken und Interventionen 39
  Thesen zum Einstieg 40
  Bausteine des beklagten Sachverhalts 41
  Drei Lösungsleitlinien 48
  Ziele formulieren 57
  Stabile und rasche Veränderungen 63
  Die Kunst der Frage 66
  „Trottelfragen" und andere 72
  Nonverbale Kommunikation und aktives Zuhören ... 80
  Paraphrasieren und Verbalisieren 83
  Schwierige Klienten 93

Schlussintervention und Anschluss-Sitzung 96
Fallbeispiel 101

7 Die Rollen von Berater und Klient 107
Das Drama-Dreieck 108
Die Rollen und Funktionen des Beraters 114

8 Aspekte der Einzelberatung 119
Von der Vision zur Aktion 120
Ausflug in die Individualpsychologie (A. ADLER) 123
Umgang mit Konflikten und Erwartungen 128

9 Beraten von Gruppen 139

10 Lösungsorientierte Organisationsberatung 149
Grundsätzliches 151
Das Modell der LOB 153
Fallbeispiel aus der Praxis 158

11 Kreativitätstechniken 167
Grundsätzliches 168
Kartenmethode (Meta-Plan-Technik) 170
Mind-Map(ping) 171
Disney-Strategie 172
Aufstellen mit Gummibärchen 173

12 Statt einer Zusammenfassung:
Leitsätze eines lösungsorientierten Kurzberaters 175

Checklisten 179
Literaturverzeichnis 183
Zur Autorin 185

1 Was ist lösungsorientierte Kurzberatung?

In Erinnerung an Steve de Shazer

Die dritte Auflage meines Buches widme ich von ganzem, wenn auch schwerem Herzen dem „Vater der systemischen Lösungsorientierung": Steve de Shazer.

Am 11.9.2005 ist Steve de Shazer, der Begründer des lösungsorientierten Ansatzes in Psychotherapie und Beratung, im Alter von 65 Jahren, viel zu früh, in Wien an den Folgen einer Lungenentzündung gestorben.

Steve de Shazers plötzlicher Tod hat uns alle, die von ihm direkt oder seinen Lehren lernen durften, tief getroffen. Solche Bestürzung löst nicht jemand aus, der bloß sehr bekannt oder berühmt ist – offensichtlich war er für viele, selbst wenn sie ihn nicht persönlich kannten, ein lieb gewordener Freund, ein Vorbild und ein den Weg weisender Lehrer.

Seine Idee, nicht das System „Problem" sondern das System „Lösungen" anzuschauen, hat in der systemischen Szene einen Erdrutsch ausgelöst. Danach war nichts mehr wie vorher. Er hat damit so tiefe Spuren hinterlassen, wie es nur ganz wenigen Menschen vergönnt ist: Er hat das Denken verändert.

Der Verlust ist sehr groß. Er selbst würde sich wünschen, dass wir weiter an und mit seinen Lehren arbeiten und die Trauerenergie in Lösungsenergie transformieren, um schnell wieder in Lösungen denken zu können.

Er hat uns und unseren Klienten* das Wertvollste hinterlassen, was es für die Zukunft geben kann: Instrumente, die Hilfe zur Selbsthilfe geben.

Es geht mit uns lösungsorientierten Therapeuten und Beratern kraftvoll weiter, das würde er sich wünschen. Wir wer-

---

* Wenn ich in Folge die männliche Berufsbezeichnung Berater und ebenso die männliche Teilnehmerbezeichnung Klient wähle, so ausschließlich aus Vereinfachungsgründen. Ich denke, dass dies meine Mitfrauen akzeptieren.

den für unsere Klienten besser und besser werden – ganz im Sinne der folgenden Geschichte, die ich hin und wieder erzähle, wenn Klienten mich fragen: „Was ist lösungsorientierte Kurzberatung? Was will sie? Was kann sie?"

„In einem armen chinesischen Dorf lebte, als der Kaiser noch regierte, ein Bauer. Die Leute im Dorf hielten ihn für reich, er besaß ein Pferd. Mit diesem Pferd pflügte er sein Feld und transportierte schwere Lasten. Eines Tages lief sein Pferd auf und davon. Alle Nachbarn des Bauern liefen zusammen und jammerten: ‚Wie groß ist dein Verlust!' Doch der Bauer meinte nur: ‚Vielleicht'. Wenige Tage darauf kam das Pferd zurück, in seinem Gefolge trabten zwei Wildpferde. Wieder liefen alle Nachbarn zusammen, freuten sich und priesen den Bauer glücklich, aber der Bauer sagte nur: ‚Vielleicht'. Am Tag darauf versuchte des Bauern Sohn eins der Wildpferde zuzureiten. Das Pferd warf ihn in hohem Bogen ab und er brach sich ein Bein. Erneut liefen alle Nachbarn zusammen, wehklagten und bedauerten sein Missgeschick, aber der Bauer sagte nur: ‚Vielleicht'. Eine Woche später kamen Offiziere des Kaisers ins Dorf, um die jungen Männer für den Krieg im Norden zu rekrutieren. Des Bauern Sohn nahmen sie nicht mit, weil sein Bein gebrochen war. Alle Nachbarn sagten dem Bauern, welches Glück er gehabt habe, doch er antwortete nur: ‚Vielleicht'."

Anhand dieser kleinen Geschichte kann ich vieles, nicht alles, verdeutlichen, was meiner Meinung nach Lösungsorientierung ist, kann und will. So wie der Bauer mit seinem ständigen „Vielleicht" kann diese Beratungsform die Deutung, die Menschen einem Problem ein-deutig zuweisen, in Frage stellen. Lösungsorientierte Kurzberatung kann – wie die erzählte Geschichte – sichtbar machen, dass Menschen in Unterscheidungen denken, dabei für sich Entscheidungen treffen und andere, vielleicht genauso brauchbare Möglichkeiten ausschließen. Ähnlich wie der Bauer macht der Berater darauf aufmerksam, dass alles auch ganz anders sein könnte. Lösungsorientierung zeigt auf, dass das strenge Entweder-oder-Denken hinderlich ist, um ein Problem angemessen zu betrachten. Brauchbarer ist das Sowohl-als-auch. Die Einstellung: „Es gibt immer mehr als eine Alternative", kommt dem „Vielleicht" des Bauern näher. Die lösungsorientierte Kurzberatung kann die Komplexität und Vielfalt menschlicher Sichtweise wieder sichtbar machen. Sie erlaubt dem Klienten, genauso wie es der Bauer mit seinen Nachbarn macht, sich die jeweils passende, d. h. lebbare und umsetzbare Situationsdeutung herauszusuchen.

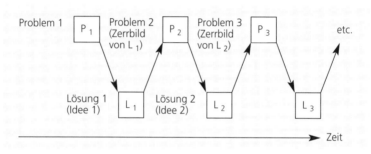

Abb. 1: Problem und Lösung

Die chinesische Geschichte endet mit dem „Vielleicht" des Bauern auf die positive Situationsdeutung seiner Nachbarn. Aber die Geschichte geht weiter, so wie das Leben weitergeht. Die Problemlösung von heute, das weiß der Bauer, ist das Problem von morgen. Übertragen heißt das: Die lösungsorientierte Kurzberatung ist nicht der Ort der Problemlösung. Vielmehr werden Probleme reflektiert, gedeutet, unterschieden und möglicherweise umgedeutet. Lösungsorientierung ist Unterbrechen der Alltagsarbeit, der Routine. Das ist zwar ebenfalls Arbeit, aber eine besondere Art der Arbeit: Reflexionsarbeit. Wer lösungsorientiert arbeitet, geht einen Schritt zurück, um eine äußere Sichtweise zu erreichen und geht in sich hinein, um zu einer inneren Sichtweise zu gelangen.

Probleme lassen sich nicht lösen!

Einige Gedanken zur Differenz von Problem und Lösung

Probleme lassen sich nicht lösen? Warum? Weil in ihnen keine Lösungen enthalten sind. Probleme sind gerade dadurch charakterisiert, dass ihnen das fehlt, was eine Lösung ausmacht. Doch auch bei scheinbar schwierigen und verkrusteten Problemen genügen kleine, entscheidende Veränderungen, damit die Lösungsprozesse in Gang kommen. Lösungen lassen sich (er)finden.

In den meisten Fällen findet zwischen Problem und Lösung so etwas wie ein Qualitätssprung statt. Die Lösungen sind etwas Neues, etwas ganz anderes als die Probleme. Wir können diesen oft schmerzlichen und beängstigenden Qualitätssprung nachempfinden, wenn wir uns vorstellen:

Wir stehen schon länger auf dem Dach eines Hochhauses. Wir kennen dieses Hochhausdach gut, fühlen uns jedoch dort nicht glücklich. Um uns herum stehen viele Hochhäuser, davon kennen wir keines. Sie sind uns fremd, vielleicht sogar unheimlich. Aber wir wissen schon, auf einem anderen Hochhaus oder vielleicht sogar mehreren von ihnen würden wir viel besser stehen. Zwischen den Hochhäusern sind tiefe Schluchten, die dunkel und bedrohlich wirken. Wir können die Abstände zwischen den Hochhäusern nicht abschätzen und wissen doch, wir müssen springen, um zu einem neuen Hochhaus zu kommen. Obwohl wir unsere jetzige Situation beklagen, bleiben wir stehen, denn hier wissen wir, was wir haben (festhalten). Die Angst vorm Absprung hemmt uns (loslassen). Die Ungewissheit, ob wir, wenn wir springen, das richtige Hochhaus erwischen, lässt uns zögern, hindert uns. Denn wir wissen nicht, was wir dort haben werden (Mut zum Zulassen). Das ist die Qual des Qualitätssprunges vom Problem zur Lösung.

Nehmen wir einmal an, wir hätten drei Probleme, drei dazugehörige Lösungen und es würde ein „Verwandtschaftstreffen" anstehen. Dann träfen sich an einem Ort die Probleme und an einem anderen Ort die Lösungen. Da sie jeweils untereinander viel Gemeinsames haben, verstünden sie sich glänzend und beschäftigten sich völlig selbstverständlich mit sich selbst. Würde jetzt ein „wohlmeinender Ratgeber" jeweils das Problem und seine Lösung zusammenbringen, so wäre das für beide Parteien recht peinlich, denn vermutlich säßen sie gelangweilt herum und hätten sich nichts zu sagen. Warum? Weil sie zu verschieden sind – sie sind nicht miteinander verwandt! Der natürliche Verwandtschaftsgrad von Problemen untereinander und der von Lösungen untereinander ist weit größer als die Verwandtschaft zwischen Problem und passender Lösung.

Wir kennen das von uns selbst: Ein Problem zieht das nächste Problem nach sich. Fühlen wir uns jedoch wie Hans im Glück, ziehen wir das Glück, nennen wir es hier die Lösungen, förmlich an. Probleme laufen vor Lösungen fort, denn sie wissen sehr wohl, dass Lösungen Probleme „auffressen". Durch eine Lösung ist ein Problem nicht mehr vorhanden! Und Lösungen suchen die Gesellschaft von Problemen nicht – wozu auch?

In der Psychologie ging man früher davon aus, seelische Fehlfunktionen seien verdrängte Probleme. Also dachte man, man müsse die Probleme ans Licht bringen (Analyse). Doch wenn man davon ausgeht, dass das Gesunde das Natürliche und Normale ist, ist es sinnvoller anzunehmen, dass seelische Fehlfunktionen verdrängte Lösungen sind. Und dann – ganz einfach – gilt es, die bisher verdrängten Lösungen ans Licht zu bringen.

Die weiterführende Frage ist jetzt: Wo sind die vorhandenen Lösungen zu (er)finden? Der erste, ganz nahe liegende Ansatzpunkt ist das Problembewusstsein selbst. Denn ein Problembewusstsein (Leidensdruck) setzt immer die Ahnung einer Lösung voraus. Nur vor dem Hintergrund einer möglichen Lösung (Veränderungswunsch) wird ein Problem überhaupt als Problem erlebt. Fazit: Wo kein Lösungs-Bewusstsein besteht, gibt es auch kein Problem-Bewusstsein.

Lösungen finden sich außerdem in möglichen Analogien, die entweder der Berater anbieten kann oder die der Klient kennt. Frühere, bewusst erlebte Erfolge des Klienten bieten ebenfalls Ansätze zu Lösungen. Wichtig und genauso erstaunlich ist, dass die meisten Klienten, ohne es wirklich zu wissen, ihre Lösungen bereits zur Beratung mitbringen. Der Berater sollte nur nicht vergessen, den Klienten danach zu fragen! Deshalb ist es empfehlenswert, gleich in der ersten Beratungssitzung den Klienten zu fragen: „Was ist Ihr Ziel?" – „Was wollen Sie erreichen?" – „Was haben Sie bereits zum Zeitpunkt Ihrer Terminabsprache für die heutige Beratungssitzung selbst herausgefunden?"

Sicher stoßen diese Fragen in den meisten Fällen auf Unverständnis, sogar Ablehnung des Klienten. Antworten wie: „Lösungen habe ich von Ihnen erwartet!", „Dafür sind Sie doch Berater!", „Über mein Ziel habe ich noch nicht nachgedacht, dafür habe ich zu viele Probleme!" etc. beschreiben, mit welcher Erwartenshaltung die Klienten zu uns kommen. Am besten ist es, wir klären gleich in der ersten Beratungssitzung unsere Arbeitsweise und zeigen eine liebenswerte, standfeste Autorität. Wir gehen von den Ressourcen unserer Klienten aus und vermitteln ihnen: „Sie bringen die für Sie passenden Lösungsansätze mit, mit denen wir erfolgreich arbeiten werden."

Doch gerade bei einem bestehenden, oft beklemmenden und hemmenden Problem fehlt die Kreativität, die zur Lösung führt. Hier können Kreativitätstechniken (wie Mind-Map, Meta-Plan-Technik, Disney-Technik, Brainstorming, Brainwriting etc., s. Kap. 11) durch die äußerliche Stütze des Systematischen Kreativität freisetzen. D. h. auch bei scheinbar komplizierten Problemen sollte ein Berater ganz einfach arbeiten. Kreativitätstechniken werden von Klienten angenommen und sie bewegen etwas, weil sie dem Leben und dessen Gesetzen ähneln.

3 Wodurch unterscheidet sich die Kurzberatung von anderen Beratungsformen?

Lösungsorientierte Kurzberatung ist eine Beratungsform für effizientes Arbeiten.

In dieser kurzen Beschreibung sind drei Definitionen enthalten:

1. Lösungsorientierung ist eine spezielle Beratungsform;
2. Lösungsorientierung will Beraten fürs Arbeiten;
3. Lösungsorientierung will dem Klienten zu einer effizienten Arbeitsweise verhelfen, die man deutlich von ihrem vorherigen Zustand unterscheiden kann, der offensichtlich weniger effizient war.

Zu 1. Lösungsorientierte Kurzberatung ist keine Therapie! Sie zielt nicht auf den ganzen Menschen in seinen gesamten Lebensbereichen ab. Auch wenn diese Bereiche in der Beratung gestreift werden, richtet sie sich nicht an Partnerschaften, Familien, Teilfamilien.

Lösungsorientierte Kurzberatung befleißigt sich nicht der Beratungsform des Ratschlagens wie sie bei klassischen Unternehmensberatungen, Steuerberatungen, Schuldnerberatungen, Personalberatungen und in der klassischen Organisationsentwicklung erfolgreich üblich ist.

Zu 2. Lösungsorientierte Kurzberatung ist ein Beratungsinstrument für ein Teilsegment des menschlichen Lebens: das Arbeitsleben. KARL MARX sprach von der Arbeit als der wichtigsten Lebensbedingung des menschlichen Daseins – als gesellschaftlicher Faktor, sozialer Einfluss, als Ort der Herstellung von Gütern und Dienstleistungen.

Es ist mir ein Anliegen zu betonen, wie stark und eng lösungsorientierte Kurzberatung mit dem Begriff der Arbeit und der Arbeitswelt verbunden ist, also zeitgemäß nahe am Menschen und seinen Bedürfnissen. Alle Arbeitsumfelder und Arbeitsanforderungen verändern sich in zunehmendem Maße und das durch alle Hierarchien und in allen Arbeitsbereichen und Branchen. Der lösungsorientiert denkende und arbeitende Berater wird in unserer Gesellschaft immer wichtiger werden, ähnlich wie beim wachsenden sozialen Druck Sozialarbeiter nötiger denn je gebraucht werden.

Zu 3. Lösungsorientierte Kurzberatung kümmert sich stets nur um das Individuum. Sie ist ein persönlichkeitsorientiertes Konzept. Sie greift nicht in Strukturen oder Abläufe von Unternehmen ein. Die Beraterarbeit richtet sich an die Selbstorganisation der arbeitenden Person und deren Effizienz und Zielorientierung. Somit kann ein lösungsorientierter Kurzberater auch nicht von anderen Personen für eine Person beauftragt werden. Den Willen und Wunsch zur Arbeit an sich selbst muss der Klient in sich tragen und den Weg eigenständig gehen.

Lösungsorientierte Kurzberatung regt die Eigentätigkeit der Klienten an. Es gibt weder Tipps noch Belehrungen. Wir empfangen den Klienten nicht als Ratsuchenden, sondern belassen ihm die Entscheidung und die Verfügungsgewalt für sein Handeln und dem Umgang mit dem, was er in der Beratungssitzung erarbeitet und gelernt hat. Wir betreiben gemeinsam mit dem Klienten eine Art Psychohygiene.

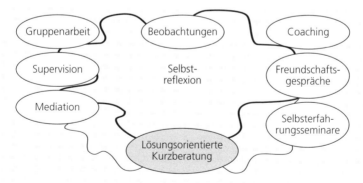

Abb. 2: Kurzberatung und andere Formen der Selbstreflexion
in Anlehnung an: H. J. Kersting, H. Neumann-Wirsig (Hrsg.), Systemische Perspektiven in der Supervision und Organisationsentwicklung, Bd. 5, Aachen 1996.

Lösungsorientierung ist direkte Persönlichkeitsentwicklung. Die meisten meiner Klienten sind Führungskräfte, die nach wenigen Sitzungen (eine bis drei) eine Erleichterung spüren und diese nicht nur für das Problem, das den Anstoß zur Beratung gab. Kopf und Seele werden „durchgelüftet". Der Klient entwickelt Freude daran, an sich zu arbeiten. Situationen werden langsamer angegangen, nach verschiedenen Lösungen wird mit Ruhe geschaut, andere Menschen werden mit einbezogen. Synchron dazu entsteht ein neues Selbst-Bewusstsein. „Ich bin mir meiner SELBST-bewusst, ich bin BEWUSST ich selbst."

Der konstruktive Mut zum Fehler, der Mut zur Lücke und der Mut zur Entschleunigung wird gerade bei Führungskräften als Entlastung, Entspannung, Entkrampfung und zugleich als mit neuer Leichtigkeit versehene Förderung empfunden.

Beraten will gelernt sein!

Hilfe zur Selbsthilfe

Ziel einer jeglichen Beratung ist es, den Klienten zu unterstützen, mit seinen Problemen selbst fertig zu werden. Der Berater kann das Problem nicht stellvertretend für den Ratsuchenden lösen. Wenn ein Berater Ratschläge erteilt oder gar Tätigkeiten für den Klienten übernimmt, macht er ihn von sich abhängig. Er wertet sich selbst auf und zeigt sich als stark und „allwissend".

Eine weitere Gefahr für den Berater liegt auch darin, sich mit dem Problem des Klienten so zu identifizieren, dass es zum eigenen wird. Folge: Der Berater kann sich nicht mehr distanzieren und eine notwendige andere Position zum Problem übernehmen.

Von Seiten des Ratsuchenden bedeutet das Aufsuchen eines Beraters das Eingeständnis, momentan nicht allein mit seinen Problemen fertig zu werden. Der Klient benötigt somit eine Atmosphäre der Sicherheit und des Vertrauens, um unterdrückte Gefühle sich selbst und dem anderen gegenüber zu artikulieren, um realistische Einstellungen und neue Verhaltensweisen zu gewinnen.

In den USA ist es mittlerweile zum Alltag und zur Normalität geworden, für alle Lebensbereiche einen Berater aufzusuchen. Es ist eine wesentlich befreiendere Einstellung zu sich und zum Leben, wenn ich mir eine Person suche, in der ich mich spiegeln kann und die ohne meine belastenden Gefühle von außen „sehen" kann. Schon die alten Griechen gingen keine gravierenden Dinge ihres Lebens ohne Berater an und bei Naturvölkern ist der Berater nach wie vor eine feste Institution. In unserer industriellen Zivilisation indes ist durch den Zerfall der traditionellen Familienverbünde eine wesentliche Beraterinstanz, die Alten, weggefallen. Mit Freunden, guten Lehrern, fördernden Führungskräften, wohlwollenden Kollegen, und positiv in zunehmendem Maß durch Berater (auch

Therapeuten) wird Menschen die Möglichkeit der persönlichen Weiterentwicklung erleichtert, in manchen Fällen erst ermöglicht.

Der Beratungsprozess

Ziel der Beratung ist es, dass der Ratsuchende seine Sichtweisen des Problems in Gesprächen äußert, d. h. seine Gefühle, Meinungen und sein Verhalten darstellt, um eine schrittweise Einsicht und Problemlösung zu entwickeln. Dabei werden *kognitive Umstrukturierungsprozesse* ausgelöst.

CARL. R. ROGERS, der Begründer der klientenzentrierten Gesprächspsychotherapie, gibt lösungsorientierten Kurzberatern wichtige Hinweise zum Arbeitsablauf: Er beschreibt die charakteristischen Schritte, die sich im Verlauf einer Beratung als Umstrukturierungsprozess abzeichnen, folgendermaßen:

– Der Klient will und braucht Hilfe
– Der Klient sollte freiwillig in die Beratung kommen

Die Situation ist definiert
Der Berater muss dem Klienten mitteilen, dass er keine Patentlösung bieten kann, sondern nur Hilfe zur Selbsthilfe geben kann und wird.

Ermutigung zum freien Ausdruck
Der Berater versucht beim Klienten Vertrauen zu gewinnen, damit sich der Klient öffnen kann und über die „eigentlichen" Probleme redet.

Der Berater akzeptiert und klärt
Der Berater bewertet die Aussagen des Klienten nicht, sondern akzeptiert sie so, wie sie sind. Er hilft dem Klienten seine Aussagen zu strukturieren und zu verarbeiten.

Der stufenweise, fortschreitende Ausdruck positiver Gefühle
Der Berater versucht, die Gefühle des Klienten, die sich hinter seiner Aussage verbergen, zu klären und dem Klienten zu ermöglichen, seine Gefühle frei auszudrücken.

Das Erkennen positiver Impulse
Der Berater bekräftigt Ansätze in den Aussagen des Klienten, die einen ersten positiven Schritt in Richtung der Lösunge(en) ausdrücken.

Die Entwicklung von Einsicht
Durch die Gespräche gewinnt der Klient eine neue Sichtweise gegenüber seinen Problemen und erarbeitet Lösungsvorschläge.

Die Klärung der zur Wahl stehenden Möglichkeiten
Gemeinsam mit dem Klienten sucht der Berater nun die „besten" und „brauchbarsten" Lösungswege heraus.

Positive Handlungen
Der Klient versucht, die Lösungswege nachzuvollziehen und zu realisieren.

Wachsende Einsicht
Durch die Realisation von Lösungswegen gewinnt der Klient weitere Sichtweisen im Umgang mit seinen Problemen und somit mit seinen Ressourcen und persönlichen (auch zukünftigen) Lösungskompetenzen.

Gesteigerte Unabhängigkeit
Am Ende der Beratungssitzungen soll der Klient selbständig seine Lösungen leben und eine veränderte Einstellung zu Problemstellungen entwickelt haben.

Verhaltenseigenschaften des Beraters

Für eine erfolgreiche Beratung sollte ein Berater neben der Beherrschung von optimalen Gesprächstechniken, wie sie in den Kapiteln 5 und 6 ausgeführt werden, folgende Verhaltenseigenschaften vorweisen und beachten:

Akzeptanz
Der Berater begegnet dem Klienten mit emotionaler Wärme, d. h. mit Akzeptanz und Achtung. Er nimmt dessen Gefühle und Probleme an und bewertet sie nicht negativ. Er beginnt nicht mit dem Klienten zu debattieren, auch wenn ein Klient unverhältnismäßig reagiert, eventuell Aggression, Wut oder Tränen zeigt. Das Gefühl, anerkannt zu werden, vertrauen zu können, in der Beratung einmal offen reden und sein zu können, nehmen dem Ratsuchenden die Spannungs- und Angstgefühle.

Empathie – einfühlendes Verstehen
Der Berater versucht sich in die Gefühlslage des Klienten hineinzuversetzen. Dies hilft dem Klienten durch Verbalisieren emotionaler Erlebnisinhalte seine Gefühle auszudrücken, abzuklären und zu strukturieren. Dabei sollte der Berater ebenfalls auf die nonverbale Sprache achten, um das innere Erleben und Fühlen des Klienten zu verstehen.

Über die spiegelnde Methode, das sog. „Pacen", lernt der Ratsuchende am Modell des Beraters, seine Gefühle auszudrücken und auch widersprüchliche zu akzeptieren. So wenig wir als Berater verbal bewerten dürfen, so können wir doch die Gefühle, die wir vom Klienten auffangen, nonverbal zeigen und damit einen Spiegel der Empfindungen vorhalten.

Kongruenz – Echtheit im Verhalten
Ein Berater verhält sich dem Klienten gegenüber „echt", wenn sein nonverbaler Ausdruck und die verbalen Äußerungen übereinstimmen, d. h. seine Gefühle und Äußerungen müssen einander entsprechen. Dabei sollten jedoch Unbe-

herrschtheit und zu spontane Gefühlsäußerungen (die eine unprofessionelle, persönliche Betroffenheit zeigen) von Seiten des Beraters nicht mit Echtheit verwechselt werden.

Wenn sich nonverbale und verbale Sprache widersprechen, so nennt das die Kommunikationsforschung double-bind, z. B. ein Berater blättert in Unterlagen, die nichts mit seinem Klienten zu tun haben und behauptet: „Ich höre Ihnen zu, Sie haben meine uneingeschränkte Aufmerksamkeit." Der Klient wird dem Gesagten nicht glauben, er spürt die Echtheit und Ehrlichkeit der Körpersprache, die Unaufmerksamkeit und Ablehnung ausdrückt. Entsprechend wird er reagieren, in diesem Fall sich verschließen oder verärgert sein.

Effektive Fragen stellen
Wenn der Klient sein Problem erzählt, hat der Berater selbstverständlich viele Fragen an ihn. Fragen an den Klienten können ebenso hilfreich und weiterbringend sein, wie sie sich destruktiv auswirken können. Fragen können Zeit sparen, aber ebenso Zeit kosten, sie können den Umstrukturierungsprozess beschleunigen oder bremsen, sogar verhindern. Weiteres dazu in Kapitel 6.

Äußere und innere Rahmenbedingungen

Die psychologischen Grundlagen, die Philosophie, die Gesprächstechniken der lösungsorientierten Kurzberatung und natürlich die innere Einstellung des Beraters sind das wichtigste Handwerkszeug für die Arbeit. Jedoch gibt es einige Aspekte mehr, die zu berücksichtigen sind. Gerade weil die Arbeit eines lösungsorientierten Kurzberaters so intensiv und „hautnah" vonstatten geht, sind die Rahmenbedingungen und Befindlichkeiten unbedingt zu berücksichtigen.

Auf einige Dinge ist in jedem Fall zu achten:

- Das Telefon darf in keinem Fall läuten.
- Handys von Klient und Berater werden ausgeschaltet.
- Sonstige Signalgeräusche müssen weitestgehend vermieden oder vorher dem Klienten erklärt werden. (Fax, PC o.ä.).
- Der Berater fragt den Klienten, ob er sich Notizen machen darf, und er erklärt, warum dies wichtig für ihn ist.
- Notizen sind so hinzulegen, dass sie der Klient gegebenenfalls einsehen kann.
- Diktier- oder sonstige Aufnahmegeräte stören bei dieser Beratungsform in jedem Fall.
- Während der Sitzung darf es keine persönlichen Störungen geben, weder durch Personal noch durch Außenwirkung.
- Ein Abbruch der Sitzung seitens des Beraters wegen irgendwelcher Handlungen ist zu unterlassen. (Es sei denn, es ist eine gezielt eingesetzte Handlung, die die Beratung weiterbringt.)
- Es liegt kein ablenkendes Material (Akten, Notizen etc.) in der Nähe.

Berater und Klient befinden sich in einer disziplinierten, konzentrierten Arbeitssituation. Als Berater konzentrieren wir uns nur und ausschließlich auf diesen Klienten und widmen uns ihm.

Nicht zu unterschätzen ist der Zeitrahmen. Niemand kann unter Zeitdruck gut arbeiten, jedoch sollte die Beratungszeit pro Sitzung gleich zu Anfang begrenzt werden. Der Berater erklärt dem Klienten am Anfang der ersten Sitzung die Gründe (Überforderung, Kosten, Termine mit anderen Klienten). Der Berater ist für die Einhaltung des gesetzten Zeitlimits verantwortlich. Es empfiehlt sich etwa eine Viertelstunde vor dem anberaumtem Sitzungsende das Ende „einzuläuten", denn ein an sich arbeitender Mensch benötigt etwas Zeit zum „Ausklingen". („Ich denke, für die heutige Sitzung haben wir bereits Gutes erreicht, ich fasse zusammen ..."). Näheres zu den Schlussinterventionen finden Sie in Kapitel 6.

Eine zu lange Sitzung hat in der Regel den Effekt, dass man sich im Kreis dreht und nichts bewegt. Allerdings ist es ebenso hemmend, wenn ein Berater eine Sitzung pedantisch genau mit der Stechuhr beendet. Kein Mensch kann Gefühle an- oder abstellen.

Bei den inneren Rahmenbedingungen, d. h. den eventuell störenden Befindlichkeiten, unterscheiden wir zwischen denen des Klienten, des Beraters und denjenigen, die aus der Interaktion zwischen Berater und Klient entstehen.

Die Klientenseite

– Zu vieles und zu langes Reden
– Mitbringen vorgefertigter Notizen, die abgelesen werden
– Ratschlag kategorisch verlangen und Stellen von direkten Informationsfragen
– Starke Gefühlsausbrüche
– Aggression gegen den Berater
– Nicht aufhörendes Jammern
– Sprechen nur über dritte Personen, äußere Umstände
– Denken nur in der Vergangenheit
– Rigides Verhalten, nur um Recht zu bekommen

Oft wenn ein Berater eine schnelle und stimmige Beziehungsebene aufbauen konnte oder der Leidensdruck des Klienten sehr groß ist, sprudelt mancher Klient mit einem nicht mehr endenden Redeschwall. Der Berater sollte das nicht einfach über sich ergehen lassen, der Klient wird es bald an der entsprechenden abwehrenden Mimik sehen. Manche Klienten reden dann noch mehr. Besser ist es, wenn der Berater freundlich fragt, ob er das bisher Gesagte zusammenfassen darf, wenn er Verständnisfragen stellt, paraphrasiert, oder sogar zugibt, dass er bei der Flut von Informationen in seiner Auffassungskapazität überfordert ist. Diese Leitung hilft dem Klienten sehr bald zu strukturiertem Arbeiten.

Gefühlsausbrüche sind etwas, womit Kurztherapeuten, Coachs, Mediatoren und Kurzberater rechnen müssen. Wichtig ist, dass der Berater die Gefühlsäußerung akzeptiert, als zum Bericht gehörend deklariert und nicht entwertet mit Formulierungen wie z. B.: „Das ist doch nicht so schlimm. Das macht doch nichts." Der Berater ist jedoch kein Tröster und kein Therapeut. Er sollte den Klienten weder in den Arm nehmen noch verbal „betütteln". Falls ein Klient sich einmal in eine Gefühlsregung verliert, ist es die beste Lösung, wenn der Berater ein Glas Wasser oder einen Kaffee für ihn holen geht (räumlicher Abstand). Bei Tränenausbruch hilft es, ein Papiertaschentuch zu reichen, da das Augenabtupfen es auch mit sich bringt, dass der Klient sich wieder zusammennimmt. Der Berater soll den Klienten nicht abbremsen, aber wieder in arbeitsfähige Verfassung bringen.

Was aber macht ein Berater, wenn sich Gefühle und Aggressionen des Klienten gegen ihn wenden? Von Therapeuten wird ein solches Klientenverhalten „begrüßt". Das sollte sich der Kurzberater zu eigen machen, die Negativgefühle nicht auf sich persönlich beziehen, sondern psychologisch geschickt einordnen. Hier findet eine Übertragung statt. Entweder gibt es bei der Person des Beraters eine Parallele zu früheren Autoritätspersonen wie Eltern, Lehrer, Exchefs oder sogar eine Ähnlichkeit mit Mitspielern aus dem beklagten Sachverhalt. Der innere Abstand des Beraters ist notwendig, um den Klienten nicht mit Sanktionen zurechtzuweisen. Auch hier ist beruhigendes Verständnis angesagt, hinführend zur Einsicht der Übertragung. Die beste Kommunikationsform ist in dem Fall die klärende Metakommunikation („Wie wollen wir miteinander umgehen?")

Die Beraterseite

- Hat ein völlig anderes Wertesystem
- Findet den Klienten unsympathisch
- Ist vom Problem des Klienten persönlich zu betroffen
- Ergreift innerlich Partei für die „Gegenseite"
- Gibt Ratschläge, weil ihm das Problem zu „klein" ist
- Steht unter Zeitdruck
- Hat keine gute Verfassung
- Hat zu schnell hintereinander Termine gesetzt, ist noch nicht losgelöst vom vorigen Klienten

Ein Berater kann noch so sehr geschult und geübt sein, auch er ist ein Mensch aus Fleisch und Blut und kann Aversionen gegenüber dem Klienten oder seinem beklagten Sachverhalt einschließlich des enthaltenen Wertesystems haben. Auch ihm können in der Gegenübertragung unbewusst eigene Konflikte aus seiner Vergangenheit oder Gegenwart aufstoßen. Ebenso kann er eine völlige Ablehnung empfinden, hier überhaupt Lösungen finden zu wollen etc. Dies stellt eine Überforderung des Beraters dar. Der Klient hat dies nicht „verdient". Es ist für solche Fälle immer gut, mit Kollegen im Verbund zu arbeiten, an die man solche Klienten überweisen kann. Der Berater darf sich in Situationen dieser Art in keinem Fall versteigen, den Klienten zu maßregeln, zu raten, oder gar von sich selbst erklärend zu erzählen.

Wir alle unterliegen Stimmungen, mit denen wir morgens aufstehen, die uns im Laufe des Tages beschleichen oder die aus heiterem Himmel düster über uns herfallen. Unsere Gefühle bestimmen die Beratungsatmosphäre. Wir als Berater sind für uns und den Klienten verantwortlich. Mit genügendem Vorlauf (d. h. Pufferzonen zwischen Termine setzen) überprüfen wir unseren Zustand. Wir können uns weder negative Telefonate, anstrengende Gespräche noch eine stressige Autofahrt vor einer Sitzung leisten. Zeitdruck wirkt sich negativ auf die Beratungssituation aus.

Lösungsorientierte Kurzberater achten auf ihre Körpersignale, Verspannungen des Körpers und sollten die wesentlichsten Entspannungsmethoden beherrschen und bei entsprechendem Zustand vor einer Beratungssitzung anwenden. Ich empfehle auch Entspannungsübungen je nach Klientenverfassung während einer Sitzung.

Interaktion zwischen Berater und Klient

– Klient öffnet sich nicht
– Es werden keine gemeinsamen Wahrnehmungskanäle erreicht
– Klient reagiert nicht auf Aussagen des Beraters
– Klient zieht Berater in die Verantwortung
– Klient „droht" und bedrängt mit Aussagen („Wenn Sie mir nicht helfen, dann sind Sie schuld, wenn ...)
– Klient wünscht persönlichen Kontakt mit dem Berater

Die Erwartungen zwischen Berater und Klient sollten am Anfang geklärt werden und in die höchstmögliche Übereinstimmung gebracht werden. Die Klärung und Abfrage beider Befindlichkeiten ist auch während des laufenden Beratungsprozesses ein Bestandteil der weiterführenden Arbeit. Es ist die Aufgabe des Beraters, für eine förderliche Atmosphäre zu sorgen. Er fasst zusammen, strukturiert und fragt den Klienten von Zeit zu Zeit, ob er mit der Situation, dem Fortschritt, der Person des Beraters zufrieden ist. Der Klient erhält sein Feedback in Form des Lobes, der Anerkennung und Spiegelns (Pacen).

Selbstverständlich spielen sowohl in der Kurzberatung wie im Coaching die Zimmereinrichtung, Helligkeit, Erscheinungsbild der Beteiligten, soziale Rolle, Alter, Status, Geschlecht, Intelligenz, Bildung, Gewohnheiten und Vorurteile eine Rolle. Das ist so individuell, dass es kaum in diesem Rahmen abzuhandeln ist und dem Feingefühl und Gespür des Beraters an die Hand zu geben ist.

5 Grundlagen der lösungsorientierten Kurzberatung

Beratungsfelder

In der lösungsorientierten Kurztherapie und Kurzberatung wird hinsichtlich der Methodik sehr diszipliniert gearbeitet.

Bereits 1969 begann STEVE DE SHAZER sein eigenes Modell der Kurztherapie zu entwickeln. 1978 wurde das wissenschaftliche „Institute Brief Family Therapy Center" gegründet. Seit dieser Zeit wird kontinuierlich an der Verbesserung der Theorie und Praxis der lösungsorientierten Kurztherapie gearbeitet. Interventionen, die sich bewährt haben, wurden dabei zum festen Bestandteil der Arbeit und bis ins Detail der Formulierung weiter optimiert. Es werden z. B. Fragen in einer festgelegten Form und Reihenfolge gestellt (s. Kap. 6).

Von den USA fand die lösungsorientierte Kurztherapie ihren Weg durch STEVE DE SHAZER, INSOO KIM BERG, SCOTT MILLER und andere nach Deutschland. DIETMAR FRIEDMANN entwickelte die lösungsorientierten Ansätze, neben anderen Umsetzbarkeiten und Anwendbarkeiten, für deutsche Klienten und deren Mentalität. Er setzt die Methode in Therapie und Coaching ein.*

Ich habe die Techniken der lösungsorientierten Kurztherapie – anfangs ohne es zu bemerken – in meine Coaching-Sitzungen und die Seminararbeit einfließen lassen. Auch in der systemischen Supervision gibt es eine starke Verwandschaft. Meine Mediationsarbeit mit Konfliktpartnern und Teams ist durch Lösungsorientierung beflügelt und erfolgreich. Einzelgespräche und Gruppenarbeit verlaufen schneller und zugleich gewinnbringender.

Bei der Beratung von Führungskräften lassen sich viele Problemstellungen und klassische Coachingthemen mit Hilfe

---

* Vgl. D. Friedmann: Lass dir nichts vormachen, München: Ehrenwirth, 1993.

der Lösungsorientierung bearbeiten: Zielfindung, Neuformulierung des Arbeitszustandes bzw. Arbeitsplatzes, Burnout-Syndrom, „eilige" Problemstellungen, Integration neuer Führungskräfte, Versetzungen von Leitenden oder das drückende Thema „heute Kollege – morgen Chef".

Abb. 3: Anwendungsfelder für den lösungsorientierten Ansatz
In Anlehnung an: H. J. Kersting, H. Neumann-Wirsig (Hrsg.): Systemische Perspektiven in der Supervision und Organisationsentwicklung, Bd. 5, Aachen 1996.

Meine Teamtrainings, Seminare für Erfolgsstrategien, Workshops aller Problemvarianten und die gesamte Persönlichkeitsentwicklung Einzelner oder von Gruppen basieren ebenso auf den Prinzipien der Lösungsorientierung. Die Möglichkeiten der lösungsorientierten Kurzberatung können ebenso einfließen in Fort- und Weiterbildungen wie z. B. Lern- und Arbeitstechniken, Verkaufstechniken, Call-Center-Schulungen, sonstige Telefonie und Ausbildungen zum Trainer etc.

Lösungskompetenz des Klienten

In der lösungsorientierten Kurzberatung werden nicht „Probleme gelöst", sondern „Lösungen entwickelt". Was ist der Unterschied? Wer Probleme lösen will, beschäftigt sich zunächst mit den Problemen; Wer hingegen Lösungen entwickeln will, geht von Anfang an von Lösungen aus. Wenn in der Lösungsorientierung dennoch von Problemlösung gesprochen wird, so ist das nur ein Zugeständnis an den gewohnten Sprachgebrauch. Denn tatsächlich entwerfen die Kurztherapie und die Kurzberatung Lösungen, ohne sich auf die Probleme zu konzentrieren.

Sehr schnell kommt da bei Interessierten und eventuellen Klienten die Frage auf: „Werden in der Lösungsorientierung dann nicht Probleme übergangen, ignoriert oder verdrängt?" Unsere erklärende Antwort kann mit Ruhe und Gewissheit erfolgen und versteht sich logisch und nachvollziehbar:

Probleme sind lediglich *Symptome* dafür, dass etwas nicht gelingt (funktioniert). In der Lösungsorientierung werden *Prozesse des Gelingens* unterstützt, damit verschwinden oder verblassen Probleme, Symptome des Nicht-Gelingens von selbst.

Die Klienten werden optimal darin unterstützt, *ihre* Lösungen zu realisieren. Die Interventionen der Lösungsorientierung sind erfahrungsgemäß so formuliert, dass die unterschiedlichsten Klienten (Charaktere, Temperamente, Frustrationsschwellen, Belastbarkeiten) darauf konstruktiv reagieren können.

In der lösungsorientierten Kurzberatung liegt die Lösungskompetenz bei den Klienten und nicht bei den Beratern. Die meisten Klienten sind jedoch der Problemorientierung so stark verhaftet, dass sie zunächst keinen neuen Blickwinkel spüren können, sondern in Kategorien von Schuld und Strafe (Wer ist schuld an den Problemen?) denken. Fühlen sie sich an dem Problem selbst schuld, sind sie angstvoll oder beschämt und erwarten eher eine „gerechte Strafe", als dass sie eine Lösung finden können. Sind sie die Leidtragenden, so ist ihr Blick von Wut, Enttäuschung, Traurigkeit, Trotz oder anderen bremsenden Gefühlen versperrt. Sie erwarten etwas von anderen: eine Entschuldigung und Genugtuung, eine Bestrafung des anderen, statt selbst eine Lösung zu suchen.

In Anlehnung an die klientenzentrierte Gesprächsarbeit nach CARL. R. ROGERS ist es die erste Aufgabe des Kurzberaters, dem Klienten einen Zugang zu sich selbst zu schaffen.

Das Selbstbewusstsein differenziert sich im Verlauf der frühkindlichen Entwicklung aus den Wahrnehmungen in Interaktion mit der Umwelt heraus. Das Selbst beinhaltet auch das Idealbild von sich selbst. Es organisiert und strukturiert einerseits Erfahrungen, andererseits verleugnet oder verzerrt es diese, wenn sie keinen Bezug zum Selbstbild haben. Der Mensch ist stets auf Weiterentwicklung ausgerichtet, er bewegt sich in Richtung Wachsen, Reife, Lebensbereicherung. Der gesunde, psychisch unbelastete Mensch verspürt eine stete Aktualisierungstendenz.

Bei einer seelischen Inkongruenz entsteht eine Diskrepanz zwischen dem Erleben und dem Selbst-Konzept. Es entstehen Konflikte, wenn reale Erfahrungen dem idealen Selbstbild zuwiderlaufen (z. B. Angst). Die Folge ist: Der eigene Zugang zu eigenen Erfahrungen und Gefühlen wird auf Dauer verstellt. Auf lange Sicht erfolgt eine Übernahme von Werten, ohne eine Überprüfung der Richtigkeit für das eigene Selbst und damit eine Abhängigkeit von anderen Personen. Dies bewirkt wiederum ein negatives Selbstbild bis hin zur Selbstablehnung, da man den eigenen Erfahrungen nicht vertraut. Schließlich nimmt der Klient auf Dauer seine eigenen Erfahrungen verzerrt wahr und aktualisiert seine individuellen Erfahrungen kaum noch.

Die Beratung soll dem Klienten nun ermöglichen, in einer Atmosphäre der Akzeptanz seine bedrohlichen Erfahrungen und Empfindungen freizulegen und zu akzeptieren. D. h. Ziel der Gesprächsarbeit soll sein, die verschütteten Selbstaktualisierungskräfte wieder freizulegen und unangenehme Gefühls- und Angstinhalte der persönlichen Beziehung zur Arbeitswelt/Umfeld zuzulassen und in das Selbst-Konzept einzubauen.

In einem Klima von Achtung, Echtheit, Verständnis von der Seite des Beraters kann der Klient wieder folgende Eigenschaften entwickeln:

– Autonomie (statt Abhängigkeit)
– Selbstakzeptanz und Selbstachtung (statt Ablehnung und Abwertung)
– Bewusstheit gegenüber seinem Erleben (statt Verzerrung)
– Flexibilität (statt Rigidität)
– mutige Kreativität (statt konservativer Kontrolliertheit und Angepasstheit)

Das heißt, dass bereits hier den Klienten ihre Lösungskompetenz in ersten Ansätzen zurückgegeben wird. Der Berater unterstützt ausnahmslos die Lösungskompetenz der Klienten und spricht die Ressourcen der Klienten an. Er ist u. a. neugierig darauf, wie sein Klient seine Lösung finden und realisieren wird.

Wie können es Berater auch bei sogenannten schwierigen Fällen vermeiden, selbst die Lösungskompetenz zu übernehmen? Sie müssen fest daran glauben, dass Menschen alles haben, um ihre Probleme eigenständig zu lösen. Dies wird geleitet von einem positiven vertrauensvollen Menschenbild, das Sie als lösungsorientierter Kurzberater mitbringen sollten. Ferner brauchen Sie eine wohlwollende Neugierde für die Wege und Schritte der Klienten bei der Lösungssuche. Sie sind zurückhaltend und unterstützen Ihren Klienten ausschließlich.

Geduld und Zuhören

Am Anfang sind Berater jeder Sparte zu sehr dem Beraten – dem Ratgeben verhaftet. Es ist der Anfang des Verstehens und zugleich die Kunst des lösungsorientierten Kurzberaters, eben dies zu unterlassen, die Differenz von Problem und Lösung zu verinnerlichen und in die Tat umzusetzen.

Auch für den Berater beginnt die Entschleunigung. Der innere Zugzwang und die Vorstellung: „Da muss doch was passieren", soll aus dem Kopf des Beraters heraus. Es wird etwas passieren, quasi wie von selbst, *nur* Geduld ist vonnöten.

Mit konzentrierter Disziplin ist es zunächst die wesentlichste Aufgabe des Beraters zuzuhören. Zuhören ist eine Kunst, mit der ich mich näher beschäftigen möchte. Was geschieht in den meisten Fällen, wenn wir zuhören?

Während unser Gegenüber spricht, denken wir seine gerade begonnenen Ausführungen schon weiter voraus – in unserer eigenen Denkweise, logisch! Wissen wir, ob der andere auch so denken will und wird? Nein! Wir setzen es einfach voraus. Und wie falsch liegen wir zumeist.

Und was geschieht? Mitten hinein in den Fluss der Gedanken, den ganz persönlichen Aufbau, dem ein jeder Mensch beim Denken und Sprechen folgt (manche praktizieren das Sprechdenken), poltern wir rücksichtslos hinein. Wir drängen unsere Sichtweise auf, roden die teilweise noch kleinen Gedankensetzlinge und versuchen, obwohl wir es doch zumeist gut meinen, mit der „Planierraupe" zu helfen. Hier beginnen Konflikte, Streit, Missverständnisse und manch einer zieht sich unverstanden zurück. Gebracht hat es nichts, es war destruktiv. Warum machen wir das? Wir meinen es in den meisten Fällen doch gut!

Wir sind alle zu schnell, zu ungeduldig. Wir sind es mittlerweile zu sehr gewohnt abzuwickeln, zu erledigen, Dinge (und damit Menschen) vom Tisch haben zu wollen und zu müssen. Alles wird zu Abläufen und Fällen degradiert. Was für eine angenehme und wohltuende Qualitätsveränderung und zugleich welche Zeit- und Stressersparnis ist es im Gegensatz dazu, wenn wir wirklich zuhören.

Unser Gegenüber spürt unser Wohlwollen, unsere Zuwendung, die notwendige Zeit, die wir ihm lassen. Auch der Klient beginnt dadurch unbewusst, in einen Zustand der konstruktiven Konzentration überzugehen. Fast so, als wenn er im Unterbewusstsein spürt, dass wir für ihn da sind und er uns damit belohnen möchte, uns nicht zu überstrapazieren.

Sie als Berater haben nun keinen Raum mehr für eigene Gedanken, Interpretationen, Vermutungen, Vorformulierungen oder ähnliches. Sie halten ihren eigenen Kopf frei und brauchen sich keine Lösungen für den Klienten mehr ausdenken. Stattdessen können sie sich auf die Wahrnehmung Ihrer eigenen Intuition konzentrieren und synchron dazu auf die sorgfältige Formulierung lösungsorientierter Interventionen achten.

Sie entwickeln für sich, ihren Klienten und den Gesprächsablauf eine Leichtigkeit, die manchen Klienten die Arbeitssituation und die ablaufende Zeit vergessen lässt. Vergessen Sie deshalb nie eine Uhr in Ihrer Sichtweite. Denn auf Grund der hohen Konzentration ist die Beratung trotzdem für beide Gesprächspartner, Berater und Klient, anstrengend, so dass die Gefahr der Überziehung, Überforderung besteht.

Denkfehler aufspüren
(A. T. BECK, A. ELLIS, P. WATZLAWICK)

Weshalb ist es möglich, in der lösungsorientierten Kurzberatung mit sehr einfachen Interventionen äußerst schwierige und komplizierte Probleme zu lösen?

DE SHAZER betont, dass es in der Regel einfacher ist, Lösungen zu realisieren als Probleme zu produzieren. Die unterschiedlichsten Probleme sind lediglich Symptome dafür, dass die Klienten von ihrer Lösungskompetenz unzureichend Gebrauch machen und ihre eigenen Ressourcen und Fähigkeiten nicht erfahren haben oder nicht kennen. Sie erlauben es sich mitunter nicht, zu wissen, was sie wollen, oder vertrauensvoll und zuversichtlich zu sein. Sie trauen es sich selbst nicht zu, solche Fähigkeiten zu haben, geschweige sie einzusetzen.

Diese Beobachtung stimmt mit den Erfahrungen der ressourcenorientierten Charakterkunde überein, die davon ausgeht, dass das Vermeiden der Schlüsselfähigkeiten einen Menschen zu seinen Problemen (Krankheiten) führt und der Gebrauch der Schlüsselfähigkeiten umgekehrt zu Lösungen (Gesundheit).*

AARON T. BECK geht im Ansatz der kognitiven Therapie, der auch in der Lösungsorientierung zu finden ist, davon aus, dass es nicht so sehr die Dinge und Ereignisse selbst sind, auf die ein Mensch reagiert, sondern seine speziellen Wahrnehmungen und Interpretationen, mit denen er Objekte, Menschen, Situationen mit speziellen Bedeutungen versieht und dann gefühlsmäßig darauf reagiert. Wichtig ist in diesem Zusammenhang immer wieder das Selbstbild, das der Klient von

---

* Vgl dazu: Josef Rattner, Psychologie der zwischenmenschlichen Beziehungen, Augsburg: Weltbild, 1999 (Lizenzausg.); Philipp G. Zimbardo, Psychologie, Berlin u. a.: Springer, 5. Aufl. 1992.

sich hat, seine Persönlichkeit, seine Wertvorstellungen und seine Ziele.

In verstärktem Maß finden wir gerade bei Menschen in Führungsetagen depressive Erkrankungsbilder. Hier finden wir die fatalen Folgen der „kognitiven Trias" aus:

- negativem Selbstbild,
- negativer Interpretation der Lebenserfahrungen und
- nihilistischer Sicht der Zukunft.

In einer solchen Situation ist ein Coach und lösungsorientierter Kurzberater gefragt. Emotionale Störungen beruhen nach meiner Erfahrung zumeist auf Denkfehlern, die in der Regel dem Klienten gar nicht bewusst sind.

Die fünf häufigsten Denkfehler sind:

1. *Personalisieren*
   Der Klient bezieht Ereignisse der Umwelt ungerechtfertigt und extrem auf die eigene Person.

2. *Polarisiertes Denken*
   Dem Klienten fehlen Differenzierungsmöglichkeiten. Er denkt ausschließlich in Extremen wie gut/böse, immer/niemals, fähig/unfähig.

3. *Selektive Abstraktion*
   Klienten greifen bestimmte Aspekte (Einzelheiten/Fragmente) von Ereignissen oder Situationen heraus, die dann bestimmend für das Befinden und die folgenden Handlungen sind und werden.

4. *Generalisierung*
   Einzelne Erlebnisse des Klienten, oder sogar nur Details, werden ungerechtfertigt zu allgemeinen Aussagen generalisiert.

5. Übertreibung
Ereignisse werden verzerrt vom Klienten wahrgenommen und erhalten eine unangemessene Bedeutung.

Das Wissen um diese „Denkfehler" (die wir ja auch an uns selbst beobachten können), fließt in unsere Zielsetzung als Kurzberater ein. Wir möchten den Klienten sensibler machen gegenüber seinen automatisch ablaufenden Gedanken und den teilweise zerstörerischen Eigenbewertungen und Fehlinterpretationen.

Der Klient lernt, sich selbst zu beobachten. Er wird dazu aktiviert, die automatisch ablaufenden Gedanken schriftlich festzuhalten. Zusammen mit dem Klienten werden diese Hypothesen, Bewertungen und Schlussfolgerungen dann besprochen.

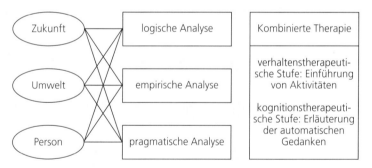

Abb. 4: Kognitive Therapie
Quelle: Hellmuth Benesch u. a., dtv-Atlas zur Psychologie Bd. 1, München 1993.

Oft erkennt der Klient schon beim bloßen Darüber-Sprechen, durch den zeitlichen Abstand und die Verbindlichkeit der eigenen Schriftlichkeit, dass seine Bewertungen und Schlussfolgerungen nicht immer zwingend sein müssen. Ebenso erkennt er seinen Anteil an der kognitiven Gestaltung seiner Lebenswelt. Zusammen entwickeln Klient und Berater alternative kognitive Strukturierungen.

Der Berater gibt Anstöße, Ideen, macht Angebote, erzählt Analogien. Diese „Angebote" dürfen ohne weiteres ein ehemaliges Problem in sich tragen, die Lösung muss jedoch nachvollziehbar sein und in die Gedankenwelt des Klienten passen.

Ein anderer Ansatz ist die Rational-Emotive Therapie (RET) nach ALBERT ELLIS. ELLIS sieht emotionale Störungen ebenfalls durch inadäquate Bewertungen, Ideen und Schlussfolgerungen begründet. Falsche Glaubenssysteme (belief-systems) beeinträchtigen das psychische Wohlbefinden.

Das ABC des rational-emotiven Ansatzes lautet:

A = activating event (Ereignis)
B = belief-system (Glaubenssystem rational und irrational)
C = consequences (Konsequenzen, Schlussfolgerungen)

Nach dem ABC-Schema der RET erlebt eine Person nach dem Ereignis (A), z. B. dem Nichtbestehen eines Assessment Centers, bestimmte emotionale oder verhaltensmäßige Konsequenzen (C), z. B. Aggression oder Depression. Die Person macht für dieses Gefühl, diesen Zustand, die nicht bestandene Prüfung verantwortlich. (A-C) Sie übersieht, dass Gefühl und Zustand maßgeblich durch die eigene Meinung über A verursacht werden (B). So könnte in diesem Beispiel das Glaubenssystem B darin bestehen, dass die Person sich denkt: „Ich muss das Assessment Center unter allen Umständen bestehen, sonst gelte ich als totaler Versager und werde niemals mehr im Leben eine solche Chance erhalten und bestehen. Ich könnte es nicht ertragen durchzufallen."

Abb. 5: Rational-emotive Therapie
Quelle: Hellmuth Benesch u. a., dtv-Atlas zur Psychologie Bd. 1, München 1993.

Wer ein solches Glaubenssystem entwickelt hat, wird auf ein Nichtbestehen ganz anders reagieren, als jemand, der denkt: „Ich möchte bestehen, aber wenn ich nicht bestanden habe, war ich immerhin in der Auswahl und kenne nun meine Stärken und Schwächen viel besser. Das wird mir bei einer zweiten Chance eine viel günstigere Ausgangsposition verschaffen. Und wenn es dann erneut nicht gelingt, weiß ich, dass ich es in einem anderen Bereich versuchen sollte, der mir vielleicht besser liegt."

Natürlich ist es unangenehm, etwas nicht erreicht zu haben und es ist eine angemessene „rationale" Reaktion darauf, traurig und enttäuscht zu sein. Was das Unangenehme aber zu einer förmlichen Katastrophe werden lässt, sind die „irrationalen" Ideen, die man sich selber in Form von Muss-Sätzen auferlegt. ELLIS spricht ebenso wie PAUL WATZLAWICK von „muss-turbatorischen" Ideologien.

Durch unsere Arbeitswelt, die sich gerade in den vergangenen Jahrzehnten gravierend verändert und für Führungskräfte eine Schnelligkeit und Belastungsform angenommen hat, die vor zwanzig Jahren noch niemand für möglich gehalten hätte, werden diese Denk- und Gefühlszwänge immer bedrohlicher.

Vor allem drei Muss-Vorstellungen geistern durch die Firmenetagen und werden von den Mitarbeitern bei den Führungskräften ebenso als unangenehm und belastend empfunden, wie umgekehrt:

- „Ich muss eine überdurchschnittliche Leistung erbringen und/oder die Anerkennung wichtiger Persönlichkeiten finden, sonst bin ich eine unzulängliche Person."
- „Die anderen Menschen müssen mich rücksichtsvoll und fair behandeln. Wenn sie es nicht tun, sind sie verdorben, schlecht und ich werde sie verurteilen. (Vielleicht verurteilt sie sogar die Gesellschaft)."
- „Mein Leben muss mir die Wünsche erfüllen, die ich habe, und muss mich vor Unheil bewahren, sonst ist das Leben unerträglich und ich kann überhaupt nicht glücklich sein."

Die Arbeit des lösungsorientierten Kurzberaters, um diese Erkenntnisse erweitert, kann nun den Klienten dahingehend unterstützen, zu erkennen, dass er sich selbst ständig indoktriniert. D. h. dass es nicht die Dinge sind, vor denen er Angst hat oder die ihn depressiv machen, sondern seine Bewertungen und Sichtweisen der Ereignisse.

In der Beratung wird nun das ABC der rational-emotiven Therapie um D fortgeführt. Der Berater führt mit seinem Klienten einen „Disput" über seine zentralen irrationalen Ideen und deren zersetzende Wirkung auf ihn. Dabei stellt der Berater das Glaubenssystem des Klienten stets in Frage, z. B. durch Wendungen wie: „Warum müssen Sie ...?" „Wer sagt, dass Sie müssen ...?"

Im positiven Fall folgt darauf ein E, der kognitive und verhaltensmäßige „Effekt", d. h. eine Neuorientierung des Bewertungssystems durch den Klienten.

6 Beratungstechniken und Interventionen

Thesen zum Einstieg

1 Der beklagte Sachverhalt steht im Zusammenhang mit einem Verhalten, das durch das Weltbild des Klienten entstanden ist.

2 Der beklagte Sachverhalt wird durch die Überzeugung des Klienten am Leben gehalten, dass das, was er bezüglich der anfänglichen Schwierigkeiten zu tun beschlossen hat, das einzig Richtige und Logische gewesen sei. Deshalb kann er jetzt gar nicht mehr anders, als dasselbe Verhalten weiterhin zeigen (WATZLAWICK u. a. 1974).

3 Schon eine kleine Veränderung kann die Lösung auf den Weg bringen. Die Veränderung in Gang zu bringen, ist Aufgabe des Beraters. Weitere Veränderungen wird der Klient selbst bewirken.

4 Überlegungen darüber, was man in einem bestimmten Fall ändern könnte, sollten ihrerseits auf der Überlegung aufbauen, wie die Realitätsauffassung des Klienten ohne den beklagten Sachverhalt aussähe.

5 Umdeutungen brauchen nur angeboten zu werden. Ein neues Verhalten auf der Grundlage (irgend)einer Umdeutung kann die Lösung des Problems durch den Klienten in die Wege leiten.

6 Die Praktiker der Lösungsorientierung legen in der Regel den Hauptakzent auf das systemische Konzept der Ganzheit: Eine Veränderung in einem Element eines Systems oder in zwischen den Elementen bestehenden Beziehungen wird auch die übrigen Elemente und Beziehungen beeinflussen, die miteinander das System bilden.

Bausteine des beklagten Sachverhalts

Was sind die Faktoren, die bei dem beklagten Sachverhalt, d. h. bei dem Problem, mit dem der Klient zur Beratung kommt, in den Vordergrund treten? Meist sind mehrere der zwölf aufgeführten Faktoren beteiligt (s. Abb. 6). Es kommt nicht auf eine vollständige Problemanalyse an, sondern darauf, zu erkennen, welche der Faktoren den beklagten Sachverhalt typisch machen.

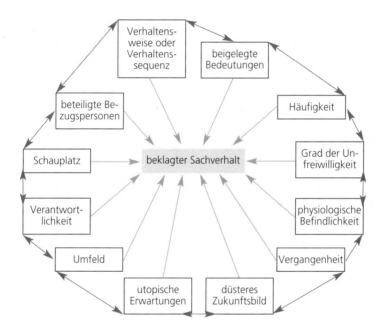

Abb. 6: *Bausteine des beklagten Sachverhalts*

1. Verhaltensweisen

Jemand verhält sich problematisch, kommt z. B. ständig zu spät, trinkt, verweigert sich, grenzt sich aus, bringt sein Wissen nicht ein usw. Dieses Verhalten ist beobachtbar, man könnte es wie einen Film aufnehmen, es ist also objektiv.

Wenn ein Klient von problematischen Verhaltensweisen erzählt bzw. diese beklagt, können wir „pacen" (spiegeln) oder mit einer paradoxen Symptomverschreibung arbeiten: „Dann verhalten sie sich doch bewusst (verblüffend) anders."

2. Beigelegte Bedeutungen
Die Probleme sind keine Realität, existieren nur im Kopf (in der Psyche). Sie sind eine Folge von Interpretationen, Bewertungen, Erwartenshaltungen, Phantasien, Missverständnissen usw. Es gilt zu unterscheiden zwischen Ursache (z. B. einer Vorstellung) und Wirkung (Angstgefühl). Die Ursache kann teilweise oder völlig unbewusst sein! Lösungsorientierte Veränderungen sind nur auf der Ursachen-Ebene möglich.

Nun heißt es durch gezielte Fragestellungen die Sichtweisen (die im Kopf stattfinden) offenzulegen. Nach dem Erkennen geben wir dem Klienten Anerkennung und loben ihn, dass er das selbst erkannt hat und vor sich und dem Berater zugibt. Nun stellen wir die Dinge mit ihm gemeinsam in den richtigen Bezugsrahmen, damit wird sich die Sichtweise ändern.

3. Häufigkeit
Ein Verhalten oder Erleben wird problematisch, wenn es häufig auftritt, z. B. jemand kann häufig nicht einschlafen, vergisst immer wieder wichtige Termine und wesentliche Arbeiten ...

Wir versuchen mit dem Klienten gemeinsam zu erarbeiten, ob dies die Ausnahme der Regel ist oder ob es mehr Symptome gibt. Er wird einige nennen, auch einige, mit denen er zu leben gelernt hat. Wir zeigen ihm die Unterschiede, wieder durch Fragen – er gibt sich die Antworten selbst – und wir erhalten daraus weitere Lösungsansätze.

4. Unfreiwilligkeit
Ein Verhalten oder Erleben entzieht sich der bewussten Kontrolle wie z. B. Stottern, psychosomatische Leiden, Suchtver-

halten. Dem Klienten sind die direkten Zusammenhänge seiner Leiden oder seines Suchtverhaltens etc. nicht bewusst. Er sieht nur die Auswirkungen und verknüpft sie nicht mit den Ursachen, die in seinen gespeicherten Glaubenssätzen stecken.

Wir arbeiten mit dem Klienten an seinen Glaubenssätzen. Glaubenssätze sind unsere persönliche innere Wahrheit. Positiv eingesetzt sind sie der Motor, um Ziele zu erreichen. Sie können uns stützen und uns Rückhalt geben gegenüber Umwelt und eigenem Wankelmut. Negative Glaubenssätze sind ebenso kraftvoll, hindern und hemmen entsprechend. In der Beratersitzung oder zu Hause sollte der Klient seine Glaubenssätze schriftlich formulieren.

Zunächst werden alle Glaubenssätze, die dem Klienten einfallen, niedergeschrieben. Der zweite Schritt ist, die hemmenden Glaubenssätze herauszusuchen. Es folgt die Überlegung, wie es zu den einschränkenden Glaubenssätzen kam. In einem weiteren Schritt werden die Glaubenssätze herausgefiltert, die förderlich sind. Es folgt die Überlegung, wie es zu den fördernden Glaubenssätzen kam.

Ein Beispiel: Viele Führungskräfte der älteren Generation sind nicht in der Lage loszulassen und teilweise Verantwortung an den Nachwuchs abzugeben. Das resultiert z. B. auf dem alten (vorgeschobenen) inneren Glaubenssatz: „Nur wer dienen kann (und das lange genug), wird später herrschen können." Sitzt ein Kreis älterer Damen und Herren zusammen, erinnern sie sich daran, wie schmerzlich und nicht förderlich es war, in jüngeren Jahren nicht agieren zu dürfen. Aber gleich darauf folgt von den meisten der wirkliche innere Glaubenssatz: „Heute könnte man das vom Nachwuchs verlangen, bei den Bildungsmöglichkeiten, die die jungen Leute heute haben. Aber die wollen ja nur die Älteren loswerden und können sich nicht unterordnen. Das können wir nicht verantworten." Das zeigt, genau wie bei ihren Vorfahren den Glaubenssatz, der auf Angst basiert (teilweise aus zu engem Verantwortungsgefühl, teilweise aber auch aus Angst, nicht mehr gebraucht zu werden.) Die Arbeit des Beraters ist bei diesem Beispiel, Begebenheiten und Erfahrungen positiver Art zu finden und damit den negativen (letztendlich auch bedrückenden) Glaubensatz in eine kreative, arbeitsfähige Form zu begleiten.

5. Physiologie
Damit sind in diesem Fall körperliche Reaktionen gemeint wie Kopfschmerzen, Kreislaufstörungen, kalte Hände, Schweißausbrüche usw. (ebenso psychosomatische Erkrankungen oder Störungen).

Wir schauen bei diesem Punkt auf die Persönlichkeitstypen und ihre Schlüsselfähigkeiten (s. S. 49 ff.). Hat sich der Klient selbst zu viele „Zwänge" auferlegt und lebt er seine Schlüsselfähigkeiten zu wenig? Dann lenken wir ihn mit Fragen zu seinen Schlüsselfähigkeiten hin.

6. Vergangenes
Zurückliegende schmerzliche Erfahrungen sind nicht, oder noch nicht ausreichend verarbeitet, z. B. Hadern mit den Eltern oder einem Elternteil, Hassgefühle nach einer Trennung, zurückliegende Misserfolge oder Verlust von Ansehen usw.

Sofern der Klient über das Vergangene ärgerlich berichtet, stellen wir Fragen wie: „Was erwarten Sie noch von X?" oder „Besteht in Ihren Augen die realistische Chance, es (noch) zu bekommen?" Kann der Klient es beschreiben, bzw. bejaht er, bitten wir ihn in Frageform, ob er sich bereits ein wenig so verhalten könnte, als ob er es schon bekommen hätte. Falls er es nicht beschreiben kann oder verneint, stellen wir Fragen wie: „Wollen Sie überhaupt loslassen vom beklagten Sachverhalt?" Sollte er zugeben, dass er unter keinen Umständen loslassen wird (kann), ist es unsere Pflicht als Berater, ihn darauf hinzuweisen, dass dann keine Beratung möglich ist.

7. Zukünftiges

Jemand hat unbestimmbare Angst vor der Zukunft, oder Angst, dass er seinem beruflichen Alltag nicht mehr gewachsen ist, dass es Krieg geben könnte, dass ihn eine schwere Krankheit befällt, er Opfer einer kriminellen Handlung wird oder Ähnliches.

Düstere Zukunftserwartungen sind meistens nur ein Graufilter vor dem inneren Auge. Wir fragen den Klienten nach früheren Erfolgen, die entweder vergleichbar oder auch völlig anderer Natur sind. Das positive Gefühl während der Erinnerung an diesen Erfolg setzt in vielen Fällen wieder das Denken an neue Erwartungen frei. Damit fahren wir fort. Wir sprechen über die Erwartungen, in denen oft schon die Lösung vorhanden sind.

8. Utopisches

Der Klient stellt an sich und an andere zu hohe Erwartungen. Er erwartet z. B., dass etwas, womit er noch wenig Erfahrung hat, sofort und optimal gelingt; oder er meint, nur weil er das so „richtiger" fände, bei einem Ringkampf müsse eine kultivierte Atmosphäre herrschen.

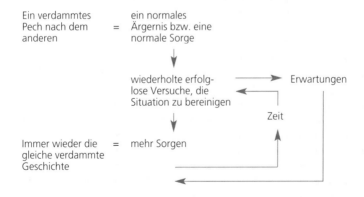

Abb. 7: Entwicklung des beklagten Sachverhalts

In diesem Fall lassen wir uns von unserem Klienten erklären, wie er vorgehen wird, welche Schritte er machen wird, was er bereits gut beherrscht und was ihm noch fehlt. Das Fehlende beleuchten wir dahingehend, dass wir fragen: „Ist es unabdingbar, es zu können?" Wenn nein: „Warum lassen Sie es dann nicht weg?" Wenn ja: „Was und wen brauchen Sie, um es zu können und wie lange wird das dauern?" Sind seine Ansichten (s. Ringkampf) utopisch, fragen wir ihn: „Sehen das alle Menschen in Ihrem Umfeld so? – Warum, meinen Sie, sollte das so sein?" etc. Wir fragen so lange, bis er es uns erklären kann. (Mitunter landen wir dann in ganz anderen Dimensionen.)

9. Umfeld
Während der Schauplatz einen konkreten Ort benennt, ist mit Umfeld ein größerer Rahmen gemeint, wie z. B. die gesamte Firma, alle Kollegen.

Ein Wechsel in eine neue Firma könnte das Problem eventuell lösen, d. h. ein neues Umfeld und neue Mitspieler. Wenn dies allerdings als Fluchtmöglichkeit vom Klienten angenommen wird, spielen wir mit ihm das Spiel des Rollenwechsels am gleichen Ort, mit den gleichen Mitmenschen. Er kann sich die Rolle aussuchen, die er gerne spielen würde (und dann ja auch spielt). Hieran schließen sich bald wieder lösungsorientierte Fragen an, wie: „Was fehlt Ihnen, so aufzutreten? – Was müssten Sie als erstes tun, um in diese Rolle schlüpfen zu können?"

10. Verantwortlichkeit
Häufig fühlt man sich für das Verhalten und Erleben des anderen Menschen/der anderen Menschen mehr verantwortlich als der- oder diejenige selbst. Dabei denkt der andere oft gar nicht daran, sein Verhalten zu ändern. Es kann sein, dass jemand zuviel Verantwortung für etwas übernimmt, was er nicht ändern kann. (Die vergleichbare Problematik liegt bei Menschen vor, die keine oder zu wenig Verantwortung übernehmen.)

Wir besprechen das Zuviel an Verantwortung. Kann es sein, dass der andere gebunden werden soll, abhängig werden soll, soll er gar beherrscht werden? Kann der Klient vielleicht eine Veränderung bei sich bewirken und damit sein Augenmerk vom anderen Menschen nehmen? Sofern Schuldgefühle mit im Spiel sind: Wann traten sie auf, gibt es Parallelen, haben diese Schuldgefühle andere hervorgerufen, hängen daran geheime Wünsche?

11. Schauplatz
Der beklagte Sachverhalt tritt nur an einem bestimmten Schauplatz auf, z. B. jemand wird bei einer bestimmten Person am Arbeitsplatz selbst bei Bagatellen wütend und sucht Streit, oder er wird unsicher, wenn er im Stehen sprechen muss usw.

Wir begeben uns mit dem Klienten symbolisch an einen anderen Schauplatz und sprechen mit ihm durch, warum nun hier das Problem unter den neuen Umständen, mit neuen Teilnehmern, nicht auftritt. Auch in diesem Fall unterstützen wir mit weiterführenden Fragen, um den Klienten bewusst „am Erzählen" zu halten. Je mehr er ausspricht, auch wenn es zunächst seiner Phantasie entspringt, um so mehr erarbeitet er Material für Lösungen.

12. Die Anderen
Veränderungen führen in der Regel zu Reaktionen der Mitmenschen. Befürchtungen wie: „Woran werden Sie erkennen, dass ich meine Ziele erreicht habe? – Was wird es für X bedeuten, wie wird er mir entgegen treten, wie wird er mich behandeln, wenn ich mich auf einmal anders gebe, verhalte etc.?"

Die Bedeutung der anderen zu ermitteln, ist hier die Aufgabe. Fragen wie: „Wie wichtig ist Ihnen X, Y oder Z? Machen Sie diese Veränderung jetzt nicht – oder später eventuell doch – nur für X oder wenn Y das akzeptiert? Wollen Sie die Veränderung nicht für sich selbst? Was ist mit Ihrem Leidensdruck, wenn X oder Y Ihre Veränderung nicht akzeptieren?"

Drei Lösungsleitlinien

Die lösungsorientierte Kurzberatung kommt mit drei Lösungsleitlinien zur Zielformulierung aus. Diese drei Leitlinien, als Lösungsdreieck darstellbar, decken die drei „Ichs" des Menschen und ihre Funktionen ab:

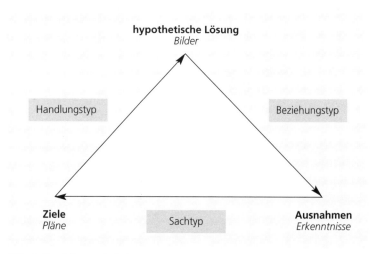

Abb. 8: Das Lösungsdreieck

1. Leitlinie „Ziel"
Die Ziele aktivieren das Wollen und Handeln und sprechen den Handlungstyp an (Handlungs-Ich)

2. Leitlinie „hypothetische Lösungen"
Die hypothetischen Lösungen stärken das Vertrauen und die Zuversicht und sprechen den Beziehungstyp an (Beziehungs-Ich)

3. Leitlinie „Ausnahme"

Die Ausnahmen, d. h. das Wissen um Situationen, in denen der beklagte Sachverhalt, das Problem nicht besteht, fördern das Erkennen und strategische Denken heraus und sprechen den Sachtyp an (Erkenntnis-Ich)

Die Reihenfolge, in der die drei Lösungsleitlinien eingesetzt werden, bestimmt sich nach dem Persönlichkeitstyp des Klienten. Wenn man den Persönlichkeitstyp des Klienten nicht kennt und nicht ermitteln kann, sollte man intuitiv mit einer Lösungsleitlinie beginnen, doch dann die Reihenfolge einhalten. Die Reihenfolge folgt dem Rhythmus vom Einfachen zum Schwierigen, oder im Sinne von „Pacing" und „Leading" (d. h. spiegeln = zuerst abholen und dann leiten = führen, übernommen aus dem Neurolinguistischen Programmieren). Damit stabilisieren wir zuerst den am stärksten ausgeprägten Persönlichkeitsbereich des Klienten und aktivieren anschließend seine Schlüsselfähigkeiten im Entwicklungsbereich.

Die Reihenfolge der drei Lösungsleitlinien für den jeweiligen Persönlichkeitstyp:

Sachtyp
A – Ausnahmen – B – Ziele – C – hypothetische Lösungen

Beziehungstyp
A – hypothetische Lösungen – B – Ausnahmen – C – Ziele

Handlungstyp
A – Ziele – B – hypothetische Lösungen – C – Ausnahmen

Weshalb ist es in der Praxis des Kurzberaters so wichtig, die Reihenfolge der Lösungsleitlinien einzuhalten? Schauen Sie einmal in sich hinein und entdecken sie Ihren Persönlichkeitstyp. Anhand der einfachen, allgemein bekannten „o.k."-Regeln aus der Transaktionsanalyse nach ERIC BERNE und HAR-

RIS lassen sich die Grundzüge der Persönlichkeitstypen, interpretiert von FRIEDMANN, deutlich machen:

Ich bin o.k. – du bist nicht o.k.
Der Satz beschreibt die vorurteilsbehaftete, selbstgerechte Haltung des Handlungstyps gegenüber Menschen oder Gruppen, die seinen Vorstellungen und Maßstäben nicht entsprechen. Seinen Freunden, Familienangehörigen, häufig seinen Kollegen und Mitarbeitern gegenüber nimmt er eine akzeptierende Haltung ein. Menschen, die außerhalb seines Sympathiekreises leben und anders sind, zählen nicht für ihn. In diese negative Sichtweise können auch näherstehende Menschen geraten, wenn er sich von ihnen nicht respektiert fühlt. Dann verfällt er ihnen gegenüber in ein selbstgerechtes Freund-Feind-Denken, begegnet ihnen unnachsichtig und verurteilend.

Sind Sie ein Handlungstyp?
Ihnen tut eine wohlwollende, erlaubende Haltung gut. Sie brauchen es, mit sich im Reinen zu sein. Sie benötigen eine fürsorgliche Selbstsicherheit für sich selbst, da Ihr Antreiber „Sei perfekt!", Sie oft empfindlich beeinträchtigt. Gehen Sie liebevoller mit sich um und Sie werden sehen, Sie können sich auf Ihren Entwicklungsbereich – die Beziehung – einlassen. Darin enthalten sind: Spontaneität, Lebens- und Arbeitsfreude, Mitgefühl und Einfühlungsvermögen, Humor und Lachen, Sympathie und Kontaktfreudigkeit.

Ich bin nicht o.k. – du bist o.k.
Dieser Satz beschreibt die verunsicherte Grundhaltung eines Sachtyps. Er sucht die Fehler zuerst bei sich selbst und tendiert dazu, andere auf einen Sockel zu stellen. Anderen Menschen und dem Schicksal gegenüber erlebt er sich als ohnmächtig, er versucht sich anzupassen, dazuzulernen, dem drohenden Unheil auszuweichen. Der Sachtyp ist dem Leben gegenüber passiv und hinnehmend. Seine Enttäuschung und

hilflose Wut gegenüber der Ungerechtigkeit und Schlechtigkeit der Welt sucht er zu verdrängen und als Lebensweisheit zu bemänteln. Einem stark ausgeprägten Sachtypen kommt die rebellische Wut „aus allen Knopflöchern". Er provoziert und brüskiert seine Umwelt mit unnachahmlicher Geschicklichkeit – oft ohne es zu merken. Die Reaktionen der anderen bestärken ihn in seinem „Nicht o.k."-Erleben.

Sind Sie ein Sachtyp?
Damit Sie Ihren Antreiber „Streng Dich an!" aufgeben können, müssen Sie Ihr Selbstbewusstsein, Ihre Autonomie stärken, d. h. das klare Bewusstsein: Ich bin ich und ich darf ich sein, unabhängig und frei. Ab sofort werden mich selbstbestärkende Gedanken begleiten, die das, was ich tue, anerkennen. Erst dann können Sie sich auf Ihren Entwicklungsbereich einlassen: das Handeln. Darin enthalten sind: freudiges und entschlossenes Wollen und Handeln, Verantwortlichkeit, Durchsetzungsvermögen, Aktivität, Fürsorglichkeit und Zu-sich-Stehen.

Ich bin o.k. – du bist o.k.
Dieser Satz wird dem Beziehungstyp sicher leichter fallen, wenn er auf einer tieferen Ebene eine vertrauensvolle Haltung zu sich selbst entwickelt. Denn die Auffassung „Sei stark und mach es anderen recht" resultieren bei ihm auf einem früheren Misstrauen, das ambivalent ist: die Welt ist abweisend und lieblos und man selbst nicht erwünscht. Entsprechend bezieht sich das zu gewinnende Vertrauen sowohl auf die Wirklichkeit als auch auf die eigene Person: jene ist liebevoll, diese liebenswert. Der Beziehungstyp hat zunächst eine Scheu vor Entwicklung. Diese Scheu verliert er, wenn er den Weg des Learning by doing wählen darf. Dabei macht er gute Erfahrungen mit seinen Schlüsselfähigkeiten, gewöhnt sich an ihren Gebrauch und übernimmt sie. Und indem er sie aktiv lebt, können sie sich nicht negativ gegen ihn richten. Er erlebt zunehmend, dass die Wirklichkeit, so wie sie ist, ihm wohlwollend gesinnt und genauso wie er selbst o.k. ist.

Sind Sie ein Beziehungstyp?
Ihr Antreiber befiehlt Ihnen: „Sei stark, mach es anderen recht." Darum sollten Sie sich mehr Neugierde gestatten und all Ihren Interessen nachgehen. Sie entwickeln sich im Beobachten, im Sich-Informieren, im Erkennen von Zusammenhängen, im Ausprobieren. Sie sind kreativ, brauchen aber Ihre eigene Art und Weise. Lassen Sie das realitätsbezogene Denken zu, aber ebenso die konzentrativen und meditativen Fähigkeiten. Sie dürfen das Kind in sich ohne weiteres zulassen. Ihr Entwicklungsbereich ist das Erkennen.

Mit dem kurzen Eigenexperiment konnten Sie spüren, weshalb die Reihenfolge der Lösungsleitlinien notwendig und gewinnbringend ist. Jeder Persönlichkeitstyp hat seinen persönlichen Antreiber und seinen eigenen Entwicklungsbereich. Die beschriebene Reihenfolge hat somit ihre Logik. Geht man z. B. von den hypothetischen Lösungen direkt zu den Zielen, werden die Ziele eher utopisch ausfallen. Geht man direkt von den Ausnahmen zu den hypothetischen Lösungen, fördert man Abhängigkeit. Will man direkt von den Zielen zu den Ausnahmen kommen, unterstützt man eher gefühlloses Denken.

Lösungsleitlinie „Ausnahmen"

Schon ein Sprichwort sagt: Ausnahmen bestätigen die Regel. Ausnahmen sind jene Zeiten und Situationen, in denen das Problem, der beklagte Sachverhalt nicht auftritt oder aufgetreten ist. Sie enthalten Lösungsmuster, die herausgearbeitet und übertragen werden können. Ausnahmen sind also schon funktionierende und bewährte Lösungsansätze.

Weiterbringende Fragen, um Ausnahmen zu erarbeiten, sind:

– „Wann tun Sie schon etwas von dem, was Sie möchten?"
– „Wann tritt das Problem nicht auf?"

– „Was ist anders in den Zeiten, in denen das Problem nicht vorhanden ist (war)?"
– „Wie verhalten Sie sich dann anders?"
– „Was machen Sie anders?"
– „Wie denken Sie anders?"
– „Wie werden Sie dann von anderen wahrgenommen?"
– „Wie gehen dann die anderen mit Ihnen um?"
– „Wenn Sie damit weitermachen, denken Sie, dass Sie dann auf dem Weg zu Ihrem Ziel sind?"
– „Wie werden Sie damit fortfahren?"

Umdeutungen der eigenen Geschichte fallen den Klienten erfahrungsgemäß leichter und schneller ein, da die Ursprungsgeschichte ja selbst erlebt wurde, nachempfunden werden kann und bereits verarbeitet und verinnerlicht ist. Außerdem signalisiert sie Erfolg.

Lösungsleitlinie „hypothetische Lösungen"

Wenn Klienten auf eine negative Sichtweise fixiert sind und vor lauter Schwierigkeiten und beklagten Sachverhalten weder positive Ziele formulieren können, noch Ausnahmen erkennen können, werden hypothetische Lösungen helfen.

Wir können die hypothetischen Lösungen auch *Lösungsfilme* nennen. Der Spaß, die primäre Lust am Hervorbringen ist groß und in des Menschen Natur angesiedelt. Lesen Sie die Aufsätze von Schülern in den ersten Grundschulklassen, die noch nicht nach den klassischen Regeln „verbogen" sind. Ein erstaunlicher poetischer Reichtum zeigt sich Ihnen. Gleiches findet sich auch in anderen schöpferischen Situationen. Wird erwachsenen Menschen die Möglichkeit gegeben, sich darzustellen (im Idealfall anonym), geschehen wahre Wunder. Ich sehe dies täglich bei meinen Seminaren, in denen ich Elemente des Psychodramas, der „Spiele" einbaue. Das Schöpferische wirkt wie eine Urkraft und setzt erstaunliche weitere, bisher verborgene Ressourcen frei. Danach stellt sich ein wohliger Erschöpfungszustand ein, oft mit entspannendem, gemeinsamem Lachen verbunden. Sehr bald wird schon der Wunsch geäußert, „drüber zu reden" und zu analysieren, was da abgelaufen ist. Die Teilnehmer stellen alle fest: „Es ist abgelaufen." Aussagen wie: „Ich habe keine Minute nachgedacht, ich habe gespürt, das war ich, das war in mir drin", zeigen dies sehr deutlich. Und manch ein Teilnehmer schmunzelt über Ungeahntes in der eigenen Psyche, bis hin zum leichten Erschrecken darüber, was alles Verborgenes im Menschen schlummert. Nur wann leisten wir es uns denn zu „spielen" und Poesie, Kreativität, Sehnsüchte, Wünsche, ja sogar Spinnereien zuzulassen?

Hypothetische Lösungen sprechen das wundergläubige Kind, oder das Beziehungs-Ich des Klienten an. INSOO KIM BERG (Ehefrau von STEVE DE SHAZER und eine der wesentlichen Weiterentwickler der lösungsorientierten Kurztherapie) arbeitet zu diesem Zweck mit der *Wunderfrage:*

„Angenommen, es würde eines Nachts, während Sie schlafen, ein Wunder geschehen und das Problem, weswegen Sie hier sind, ist gelöst. Da Sie schlafen, merken Sie nicht, dass ein Wunder geschehen und Ihr Problem verschwunden ist. Was glauben Sie, werden Sie am nächsten Morgen anders wahrnehmen, das Ihnen sagt, dass ein Wunder geschehen ist?"

Unterstützen Sie Ihre Klienten darin, die Phantasie (von Wünschen geleitet) mit allen Sinnen spielen zu lassen und die vorgestellten Veränderungen genau zu beschreiben. Geben Sie den Klienten dafür viel Zeit. Der Kreativität, dem „Spinnen" und Ausschmücken sind keine Grenze gesetzt. Je weiter der Klient in seinen Ausführungen ausholt, um so klarer wird ihm sein Wunsch und um so mehr „Arbeitsmaterial" tragen wir zusammen.

Achten Sie während der Erzählung auf nonverbale Signale wie Lächeln, Entspannung. Bereits während des Erzählens empfindet der Klient „Lösungsgefühle" wie Erleichterung, Sympathie, Leichtigkeit usw. Verstärken Sie ein positives Erleben durch Anerkennung und gefühlsbetonte Fragen.

Fordern Sie nun die Klienten auf, von Zeiten oder Situationen zu berichten, in denen schon ein wenig von diesen „Lösungen" sichtbar war (Leitlinie Ausnahmen). Auch hier wird der Klient Ansätze finden, die seine Annahme des eigenen Unvermögens oder der Ausweglosigkeit der Situation aushebeln: Er hat Ähnliches schon einmal gekonnt, ein wenig Vergleichbares gibt es schon davon, unter etwas anderen Umständen gab es das Problem nicht etc.

Eine andere Möglichkeit besteht darin, vom Endergebnis der hypothetischen Lösungsgeschichte Ihres Klienten auszugehen und ihn von der Zukunft aus auf seinen Lösungsweg zurückblicken zu lassen. „Wie sind Sie dahin gekommen, was hat zu diesem befriedigenden Ergebnis beigetragen, wie haben Sie dieses Ziel erreicht?"

Auch wenn Klienten bei dieser ungewohnten Arbeitsweise zögerlich sind, gehen Sie mit jeder Reaktion der Klienten akzeptierend um. Wir stellen als Kurzberater nichts von diesen Ausführungen in Frage. Wir nehmen nur auf. Klienten sollen nie das Gefühl bekommen, etwas falsch gemacht zu haben.

Der nächste Schritt ist nun herauszufiltern, was an der hypothetischen Lösung brauchbar, machbar, möglichst sofort umsetzbar ist. Der Erfolg lösungsorientierter Kurzberatung liegt darin, eine sofortige Erleichterung in Schritten zu erreichen. Wenn die erste Lockerung im Knoten zu verspüren ist, entsteht der Wunsch, weitere Lockerungen vorzunehmen. Also ist die Lösungskompetenz des Klienten zu erweitern und zu stabilisieren. Wenn die Klienten Lösungen so schildern, als ob sie zufällig oder durch andere zustande gekommen sind, fragt man sie bewusst: „Wie haben Sie das nur gemacht?" Oder sie lassen den Klienten in die Rolle eines anderen schlüpfen und ihn sich mit dessen Augen betrachten: „Was würde X sehen, was Sie zur Lösung beigetragen haben?"

Der Klient arbeitet zwar spielerisch, aber auch das ist anstrengend. Es gibt kaum eine anstrengendere Arbeit als die an und mit sich selbst. Daher braucht der Klient *Anerkennung*, in der Lösungsorientierung auch *Cheerleading* genannt.

Für die verschiedenen Persönlichkeitstypen gibt es jeweils passende Verstärker und Anerkennungsarten:

Beziehungstyp – emotionales Annehmen
Sachtyp – aufmerksames Annehmen
Handlungstyp – wohlwollendes Akzeptieren

Bitte formulieren Sie Anerkennung (Komplimente) in der Form von Ich-Botschaften und bauen Sie keine Bewertungen und eventuellen Urteile ein. Wählen Sie keine Bewertungen aus dem eigenen Wertesystem wie: „Es ist gut ..."; „Sie sind auf dem richtigen Weg ..." oder „Sie machen das sehr gut ..."

Wählen Sie Ich-Botschaften in der Sprache des Klienten: „Ich freue mich über die Fortschritte ..."; „Ich bin beeindruckt wie ...!"; „Das hört sich für mich gut an, wie Sie ..."

Den Beziehungstyp nehmen wir emotional an, indem wir in lebendiger, bildhafter Sprache sprechen und gefühlsmäßig reagieren: „Ich freue mich ..."; „Es ist mir sympathisch, wie ..."; „Ich mag es, wie ..."

Dem Sachtyp schenken wir begeistert Anerkennung, dies mit einer objektiven Haltung und genauen Sprache: „Ich bin beeindruckt, wie Sie ...!"; „Es gefällt mir, wie ..."; „Ich bin begeistert, wie ...!" (sinnenhaft, kinästhetisch, anschaulich).

Den Handlungstyp fördern wir mit einer respektvollen Bestätigung. Hier wählen wir eine wertschätzende Haltung und Sprache: „Das klingt überzeugend für mich, wie ..."; „Das hört sich für mich o.k. an, wie ..."

Anerkennungen werden noch glaubhafter, wenn sie Ambivalenzen (Kontraste) ansprechen: „Obwohl Sie, wie Sie sagen, die Situation sehr belastet, freue ich mich, dass Sie ..."; „Andere würden in Ihrer Situation ... –, um so mehr bin ich beeindruckt ...!"

Themen aus dem Persönlichkeitsbereich werden kräftig und solche aus dem Entwicklungsbereich zurückhaltend anerkannt.

Ziele formulieren

Lösungsorientierte Kurzberater arbeiten von der Begrüßung ihres Klienten an zielorientiert. Schon in den ersten fünf Minuten werden Fragen gestellt wie:

- „Was ist Ihr Ziel, mit dem Sie hierher gekommen sind?"
- „Was haben Sie selber herausgefunden, was Ihnen helfen kann, Ihr Ziel zu erreichen?"

Auch wenn der Klient in Antwort auf die Eingangsfragen sein Ziel schon (vielleicht in Andeutung) genannt hat, fragen Sie zu Beginn der eigentlichen Lösungsarbeit nochmals danach. Damit übernimmt der Klient die Verantwortung für seine Ziele, und Sie können die Verantwortung abgeben und entsprechend zurückgelehnt sein.

Vielleicht wird der Klient zunächst mit seinen Klagen fortfahren. Das zeigt Ihnen, dass er noch nicht soweit ist. Hören

Sie ihm erneut aktiv zu, indem Sie ihm Ihr Verständnis aussprechen und sein Verhalten spiegeln (pacen), d. h. seine Aussagen paraphrasieren (ohne Bewertungen, ohne Interpretation) oder die gleiche Körpersprache zeigen. An das Paraphrasieren kann direkt eine verständnisvolle Aussage angehängt werden, z. B.: „Sie beschreiben mir die Situation X als ..., das ist sehr schmerzlich für Sie und hindert Sie an ..." Dadurch fühlen sich die Klienten ausreichend verstanden und angenommen.

Lösungsorientierte Kurzberater achten sehr darauf, dass die Beratungsstunden nicht zum „Jammertal" geraten. Bereits der erste Bericht des beklagten Sachverhaltes am Anfang der Sitzung wird auf etwa acht bis zehn Minuten beschränkt. Oft werde ich von Neulingen in der lösungsorientierten Kurzberatung gefragt, ob sich die Klienten bei der kurzen Zeit nicht frustriert, beschnitten und unverstanden fühlen, wenn ich sie nicht länger über ihre Schwierigkeiten und Probleme sprechen lasse. Doch es ist wichtig, sich vor Augen zu halten, dass man die Klienten in ihrem Problem-Denken und Problem-Verhalten bestärkt, wenn man ihnen als Berater zuviel Zuwendung gibt.

Da sich bei einer erneuten Klage zumeist nur Wiederholungen und wenige neue brauchbare Aspekte zeigen, geben lösungsorientierte Kurzberater den Klienten keinen Raum, um sich als (hoffnungslose) Problemfälle zu präsentieren und sich dafür auch noch Zuwendung (in der Hoffnung auf Bestätigung) vom Berater zu holen.

Aus diesem Grund sollten wir dem eben vorgeschlagenen Satz noch einen konstruktiven Verstärker anhängen, der wieder in die Ziel- und Lösungsrichtung führt: „Sie beschreiben mir die Situation X als ..., das ist sehr schmerzlich für Sie und hindert Sie an ... Wie könnten Sie es sich nun vorstellen, eine Lösung zu finden?"

Wenn auch hier noch keine Wendung eintritt, beginnen wir mit Anreizen, die in vielen Fällen Verkrustungen aufbrechen. Wir zeigen z. B. aus der Schilderung des beklagten Sachverhaltes die gute Seite des Schlechten: „Sie wurden bei der Beförderung nicht berücksichtigt (Paraphrasieren). Sie sind enttäuscht darüber (Verständnis). Sie haben als Stellvertreter die Möglichkeit pünktlich Feierabend zu machen, das wäre Ihnen in der beförderten Position, so wie vieles andere nicht mehr vergönnt."

Eine weitere Möglichkeit ist es, den Klienten auf eine *Herausforderung* aufmerksam zu machen, die sich bisher ungeahnt in den Schwierigkeiten verbirgt. „Sie wurden bei der Beförderung nicht berücksichtigt. Sie sind enttäuscht darüber. Sie sehen daran, dass das Unternehmen eine andere Person ausgewählt hat und dass Sie nicht in Frage kamen. Wollen Sie einen erneuten Anlauf für eine andere Position versuchen? Oder wollen Sie sich bei einem anderen Unternehmen bewerben? Wie werden Sie sich dann verkaufen?"

Hier verbergen sich gleich vier Möglichkeiten. Nach einer wird der Klient greifen. Sobald er es getan hat, können Sie ihn durch weiterführende Fragen regelrecht ins Rollen bringen. Ein Dialog, zunächst mit einer und dann einer zweiten Möglichkeit, soll zeigen, wie wir sehr schnell vom Problem in die Lösungsarbeit kommen können:

Klient: „Eine andere Position ist ja doch nicht in Sicht".
Berater: „Nicht, oder im Moment nicht?"
K: „Nicht vor einem halben Jahr."
B: „Ist ein halbes Jahr Wartezeit für Sie zuviel?"
K: „Nicht wenn ich wüsste, dass ich die Position bekäme."
B: „Haben Sie eine reelle Chance?"
K: „Da habe ich mich noch nicht drum gekümmert."
B: „Warum nicht?"
K: „Ich war auf die andere Position fixiert."

B: „Wie könnten Sie es erfahren, ob Sie eine Chance auf die neue Position haben?"
K: „Ich werde mit Herrn Müller reden, der ist der Entscheider."
B: „Werden Sie mit Herrn Müller vor unserer nächsten Sitzung geredet haben?"
K: „Ich versuche es, ich kenne ihn nicht sehr gut."
B: „Wie wollen Sie bei Herrn Müller auftreten, wie gedenken Sie sich zu verkaufen?"
K: „Ich werde in jedem Fall vorbereiteter sein als bei dem gerade gescheiterten Versuch."
B: „Welche Vorbereitungen wollen Sie ändern ..."

Ein einfacher Dialog, mit dem nicht behauptet werden soll, nach acht Fragen und Antworten sei das Ziel erreicht und die Lösung sei da. Der Dialog soll zeigen, dass der Kurzberater im Prinzip nur fragt und den Klienten unmerklich dahin steuert, dass er sich selbst und einen Lösungsweg entdeckt.

Nach einem solchen Dialog bekommt der Klient eine gewisse Freude daran, eine Lösung anzustreben – „es lässt sich ja doch etwas bewegen". Zumindest hat er die Fähigkeit zur Veränderung im Ansatz erlebt. Strebt der Klient nun ein Ziel an, achtet der Berater darauf, ob es den Kriterien für eindeutig definierte Ziele entspricht:

Für eindeutig definierte Ziele setzen wir fünf Kriterien an.

– Ziele sind sprachlich positiv formuliert
– Ziele sollten für den Klienten attraktiv sein
– Ziele müssen stets realisierbar und umsetzbar sein
– Ziele werden konkret dargelegt
– Ziele dürfen nicht unbekömmlich sein

Viele Klienten sind zunächst nicht in der Lage, positiv zu formulieren. Werden Ziele also negativ angeboten, wie: „Ich möchte nicht mehr ...", so fragt der Berater: „Was wollen Sie stattdessen?"

Negativ: „Ich möchte bei einer Beförderung nicht mehr übergangen werden!"
Positiv: „Ich werde mich präsenter machen, um bei einer nächsten Beförderung in Frage zu kommen."

Wenig attraktive Ziele, selbst wenn sie der Klient selbst geäußert hat, wecken im Unterbewusstsein wenig Interesse und werden auch nur schwer erreicht.
Negativ: „Ich werde morgens früher aufstehen."
Positiv: „Ich freue mich darauf, das Frühstück in aller Ruhe zu genießen."

Nicht realisierbare Ziele führen zu Enttäuschungen.
Negativ: „Ich möchte jetzt immer für meine Mitarbeiter da sein."
Positiv: „Bei meiner Zeitplanung werde ich in Zukunft Zeit für meine Mitarbeiter einplanen."

Nicht konkrete Ziele werden kaum je erreicht, es fehlen die Erfolgserlebnisse.
Negativ: „Ich denke, ich sollte irgendwann einmal an eine erneute Bewerbung denken."
Positiv: „Eine neue Bewerbungsphase setze ich für das dritte Quartal an."

Nicht bekömmliche Ziele schaden mehr als sie nützen.
Negativ: „Ich werde den Herrschaften Direktoren einmal so richtig die Meinung sagen."
Positiv: „Ich lerne es, mich in der richtigen Situation mit den passenden Aussagen zu artikulieren."

Mit der Entwicklung des Zielrahmens versuchen wir die positiven Ressourcen des Klienten zu wecken.

Problemrahmen	Zielrahmen
1. Was ist das Problem?	1. Was möchten Sie?
2. Warum haben Sie das Problem?	2. Was tun Sie dagegen?
3. Wer, was ist schuld und hindert Sie?	3. Wann, wo, wie und mit wem möchten Sie etwas verändern?
4. Wie lässt sich die Erkenntnis interpretieren?	4. Wie verändert sich dadurch Ihr Leben, Ihre Beziehungen?

Abb. 9: Problemrahmen vs. Zielrahmen

Bei 1. ist es notwendig, den Klienten das Ziel positiv und in eigener „Regie" formulieren zu lassen.
Bei 2. ist es die Aufgabe des Beraters, die Zukunft möglichst in alle Wahrnehmungskanäle zu leiten.
Bei 3. beleuchten Berater und Klient gemeinsam die Zusammenhänge.
Bei 4. liegt der Schwerpunkt bei den Beziehungen des Klienten zu seiner Umwelt.
Im 5. Schritt werden die positiven Aspekte des Problems angesehen, die auch bei der Veränderung erhalten bleiben sollen. (Das schmälert die Schwere der Belastung)

In der lösungsorientierten Kurzberatung wird im Verlauf der Sitzung also dreimal die Zielfrage gestellt. Zu Beginn der Sitzung fragen wir zum ersten Mal nach dem Ziel, um einen lösungsorientierten Impuls zu setzen. Zur Einleitung des zweiten Teils der Sitzung stellen wir Zielfragen nach den Kriterien, die den Klienten ihre Verantwortung für ihre Lösungen zurückgeben. Bei den Lösungsleitlinien fragen wir ausführlicher danach, um Schritte zur Erreichung des Ziels zu erarbeiten.

Der Blick nach vorne unterstützt das Realisieren von Lösungen. Den meisten Klienten ist der Blick dadurch verstellt, dass sie die Veränderungen wie einen unbezwingbaren Berg empfinden. Sie sehen nur das Ganze und scheitern an Sätzen wie: „Das kann ich ja gar nicht schaffen!" Dazu gehören Zielstrategie und Teilziele. Auch dies ist ein Punkt, der erarbeitet sein will.

Stabile und rasche Veränderungen

Wenn wir lösungsorientiert arbeiten, brauchen wir *stabile Veränderungen*. Eine Instabilität des Erarbeitenden bestärkt den Klienten nur noch einmal darin, wie grauenvoll sein Problem ist („Ich habe alles versucht, ich habe mich bemüht, ich war zu Veränderung bereit, aber es ist nicht möglich.") Ein „Rückfall" wäre unter Umständen gravierend.

Wenn wir uns als Kurzberater dieser Verantwortung bewusst sind, wissen wir: Stabiles Lernen muss *rasch* geschehen, anders als es in der Psychologie sonst üblich ist. Veränderungen müssen traditionellerweise immer wieder bewusst gemacht werden und beharrlich geübt werden, sodass bei jenen, die konsequent dran bleiben, ganz allmählich neue Gewohnheiten des Reagierens und Erlebens entstehen. Doch viele geben irgendwann auf, meist nach enttäuschenden Rückschritten. Bei einigen entsteht eine ungesunde Abhängigkeit vom Therapeuten, bei anderen schwindet nach immer wiederkehrenden Enttäuschungen der Glaube an sich selbst und die Wirkung von Psychotherapie.

Die gleiche schleppende Weise des Belehrens, der Vorlesungen, der vorformulierten Aufbaumodul-Seminare, wurden Jahre lang in der Weiterbildung angeboten und abgehalten. Heute wissen wir: das Spüren und Erleben, das Kognitive steht im Vordergrund und wird bewegen und verändern.

Wie sind stabile Veränderungen realisierbar?

Einen guten Vergleich und Hinweis bieten Phobien, die in einer einzigen Situation, oft im Bruchteil einer Sekunde „gelernt" und zeitlebens praktiziert werden. (Oft kann der Mensch, der unter der Phobie leidet, noch nicht einmal erklären oder nachvollziehen, wie er zu dieser gekommen ist.) Stellen Sie sich vor, Sie haben eine ausgeprägte Spinnenphobie. Da gibt es kein: „Ach Mist, jetzt habe ich völlig vergessen, mich über diese fette Spinne aufzuregen." Sie regen sich auf! Dafür sorgt Ihre gut funktionierende Spinnenphobie automatisch – völlig ohne Ihr Zutun.

Das bedeutet, wenn eine Phobie in kürzester Zeit so gut gelernt werden kann, warum sollte das nicht auch für nützliche Reaktionen möglich sein? Die erste Antwort liegt im Begriff: in kürzester Zeit. Die zweite Antwort ist, dass das Bewusstsein beim Lernen einer Phobie „überladen", also kurzzeitig überfordert wird. Die Informationen können nicht mehr in der gewohnten Weise bewertet und aussortiert werden. Es wird quasi den Informationen gehorcht, und nicht mehr nach dem „das ist brauchbar – das ist nicht brauchbar" geschaut.

Wir sehen die Verwandtschaft zum Problem-Denken unseres Klienten. Er hat auch nicht nach der für ihn wertvollen Brauchbarkeit gesehen und auch nicht nach einem gesunden Nutzen. Allerdings hat er Nutzen, wenn auch einen ungesunden: durch sein „Jammern" erhält er Zuwendungen. Das Problem hindert ihn an einer Leistung. Er muss keine Verantwortung tragen. Er kann vom eigentlichen Sachverhalt ablenken. Er spart sich die Unbequemlichkeiten der Veränderung. Andere Menschen können zu etwas gebracht, gezwungen werden. Er bekommt vielleicht sogar etwas, das ihm nicht zusteht, etc.

Da ist der Ansatzpunkt für lösungsorientierte Berater. Entweder „verschreiben" wir unserem Klienten jetzt sein Symptom und unterstützen ihn mit ruhiger Selbstverständlichkeit, es zu verstärken: „Das empfinde ich noch nicht als Mobbing. Sie sollten mit Ihren Kollegen mal Klartext reden, damit der Krach wirklich aufbricht. Das ist Geplänkel, Sie wissen doch noch gar nicht, wo Sie dran sind bei denen, das muss geschürt werden, um durchsichtiger zu sein."

Ihr Klient wird sich wehren, seine vorausgegangenen Schilderungen auf ein tatsächliches Maß herunterschrauben, einzelne Personen ausnehmen und durch dieses „neue" Bild auch seinen eigenen Anteil an der Situation sehen können. Nun ist er lösungsfähig.

Eine weitere *paradoxe Intervention*, die aber voranbringt, ist die Frage nach dem Nutzen, den der Klient von seinem Problem hat: „Was bringt Ihnen Ihr Problem für einen Nutzen?"

Die meisten Klienten werden zunächst etwas sauertöpfisch reagieren: „Ich leide darunter, was soll ich für einen Nutzen daran haben? Das ist lächerlich." Der Berater muss ruhig und beharrlich dabei bleiben: „Ich denke schon, dass sich auch ein Nutzen für Sie in Ihrem Problem verbirgt." Eine Analogie aus dem Leben des Beraters oder eines anderen Klienten, aber auch eine realistisch konstruierte Analogie kann nun dem Klienten Hilfestellung geben. Analogien und Beispiele sollten dabei stets zum Problem des Klienten passen.

Analogie-Angebot:
„Ich habe einmal selbst eine vergleichbare Situation erlebt. Ich habe auch die Kompetenz meines direkten Vorgesetzten öffentlich angezweifelt und hatte ihn danach zum Feind. Mein Gott, hat mir der Mann das Leben zur Hölle gemacht. Hätte ich damals nicht dieses kollegiale, ja fast freundschaftliche Team gehabt, mit dem ich gerade in der Zeit zusammenwuchs, ich hätte das nicht überstanden. Aber ich stand bei allen Meetings im Mittelpunkt."

Auch Ihrem Klienten wird nach einem solchen passenden Angebot einfallen, welchen „Nutzen" er aus seiner Situation zieht. Diesen Nutzen aufzudecken kann dabei helfen, das wirkliche Ziel des Klienten zu ermitteln, um ihn damit lösungsfähig zu machen.

Greift er unsere Geschichte auf, können wir Fragen stellen: „Ist es für Sie wichtiger, diesen Chef zu kritisieren oder der Mittelpunkt Ihrer Kollegen zu sein? – Wären Sie auch der Mittelpunkt Ihrer Kollegen, wenn Sie ein gutes Verhältnis zum Chef hätten? – Kritisieren Ihre Kollegen auch so viel an Ihrem Chef und sagen Sie es ihm direkt?" usw.

Der Klient wird sehen lernen und den Knoten lockern können. Durch gezielte, ständig weiterführende Fragen und durch das Herausarbeiten dessen, was beim beklagten Sachverhalt eigentlich im Vordergrund steht, kommt sich der Klient näher. Er spürt sein wirkliches Anliegen und kann Lösungsansätze finden. Erst auf dieser Grundlage sind stabile Veränderungen möglich.

Die Kunst der Frage

Effektives Fragen ist eine beraterische Kunst. Es ermöglicht dem Ratsuchenden, eine Auseinandersetzung mit seinen Erfahrungen und Problemen zu versuchen und seine Wahrnehmungswelt zu erweitern. Die Fragen sollten einen konkreten Bezug zu seinem Problem, dem beklagten Sachverhalt haben und ihn auf dem Weg der Lösungssuche weiterbringen.

Es gibt Menschen, die sich durch Fragen bedrängt fühlen, oder sogar beschämt. Im Fragen liegt auch das „Infragestellen" und teilweise versteckte Aggression. Fragen bergen durch die Art ihrer Formulierung Antworten in sich. Fragen wie: „Seit wann empfinden Sie Ihre Mitarbeiter als demotiviert?" oder „Haben Sie das Gefühl, nicht mehr für die Motivation Ihrer Mitarbeiter zuständig zu sein, schon länger?", offenbaren jeweils ganz andere Einstellungen des Fragenden und fordern vor allem andere Antworten heraus.

Die Fragen setzen beim Bericht des Klienten an. Dessen Beschreibungen haben oft folgende Merkmale:

– *Verallgemeinerungen:* Das Generalisieren von Erfahrungen trennt von konkreten zukünftigen Erfahrungsmöglichkeiten. „Alle Mitarbeiter lehnen mich ab", ist eine Erfahrung, die Herr Berg bei dem einen oder anderen Mitarbeiter gemacht hat. Diese Einzel-Erfahrung generalisiert gespeichert, macht ihn gegenüber „allen" Mitarbeitern handlungsunfähig.
– *Unvollständigkeit:* Aussagen wie: „Mein Chef war wütend", „Ich habe eine Befürchtung", „Es wurde gestritten", sind unvollständig und für eine Beratungsarbeit unbrauchbar. Es fehlen konkrete Ergänzungen, wenn die Inhalte bearbeitet werden sollen.
– *Verzerrungen:* Prozesse und Ereignisse werden als endgültig und statisch geschildert.

Werden Aussagen in dieser unkonkreten, statischen Form vom Klienten getätigt, ist davon auszugehen, dass die generalisierte Erfahrung bereits gespeichert ist. Verzerrungen, Tilgungen und Generalisierungen drücken in diesem Moment die gespürte Unveränderbarkeit und Schicksalshaftigkeit aus. Sie bestätigen, „dass es eben so ist, sich auch nichts ändern kann und nicht muss."

Diese Haltung brechen wir durch gezielte, aber vorsichtige Fragen auf, und haben dabei immer im Hinterkopf, dass in den meisten Fällen die Lösungen in Richtung des größten Widerstandes liegen. Ziel ist es, die „Verflüssigung" von Normalisierungen und Eigenschaften anzuregen („Was muss Ihr Mitarbeiter tun, damit Sie den Eindruck haben, er ist demotiviert?"):

– *Einführen der Variablen „Zukunft" und „Zeit", wenn alles statisch erscheint (unveränderbar):* „Wie lange, denken Sie, werden sich Ihre Mitarbeiter demotiviert verhalten?"
– *Nach Erklärungen fragen:* „Wie erklären Sie sich die Veränderung Ihrer Mitarbeiter?"
– *Aus der Sicht Dritter beschreiben lassen:* „Was denken Sie, wie einer Ihrer Kollegen Ihr Team und Sie sieht und empfindet?"
– *Präzisieren und Abstraktes konkretisieren:* „Wie haben sich Ihre Mitarbeiter genau verhalten? Woran machen Sie die fehlende Motivation fest?"
– *Nach Ich-Botschaften fragen:* „Wie reagieren Sie auf das veränderte Verhalten der Mitarbeiter? Was empfinden Sie genau, wenn die Mitarbeiter sich so zeigen?"

Positive Erfahrungen habe ich mit folgenden Maximen gemacht:

Den richtigen Zeitpunkt abwarten
Ich warte mit meinen Fragen ab, bis der Klient an einen Punkt gekommen ist, wo die Frage exakt hinein passt.

Relevante Fragen stellen
Ich stelle nur notwendige Fragen, z. B. unentbehrliche Informationsfragen, Verständnisfragen (um Missverständnisse auszuschließen), vor allem aber Fragen nach Gefühlen, Wünschen und Werthaltungen, um mich in die Gedankenwelt meines Klienten hineinzudenken.

Verstehbare Fragen stellen
Ich mache dem Klienten stets meine Motive, aus denen heraus ich frage, durchsichtig und einsichtig: Der Klient soll ver-

stehen, warum er gefragt wird, warum mir das wichtig ist. Ich formuliere meine Fragen kurz, konkret, nachvollziehbar und leicht verständlich.

Nachhaken
Sofern mir eine Aussage zu global, zu schwammig oder einfach nicht nachvollziehbar erscheint, frage ich nach weiterführenden Erklärungen: „Wie erklären Sie sich ...?"

Rücksicht signalisieren
Wenn ich den Redefluss einmal durch Fragen unterbrechen möchte oder muss, spreche ich grundsätzlich von meiner Warte aus: „Mich beschäftigt im Moment folgende Frage: ..." oder „Ich frage mich gerade ...?"

Aus meiner Gesprächspraxis habe ich für Sie auch eine Negativliste der Fragen und Frageversionen erstellt, die hemmend und/oder hinderlich sind:

Eine Vielzahl von aufeinanderfolgenden Fragen
Die Redefreiheit des Klienten und der freie Fluss seiner Gedanken wird behindert und unterbrochen. Der Klient kann dem Gefühl unterliegen, in ein Kreuzverhör geraten zu sein. Die Gefahr besteht, dass der Klient in ebenso schneller Folge den Berater mit Informationen „versorgt" und nun die Erwartenshaltung hat: „Wer so viele Informationen hat, der bietet mir nun auch eine Gesamtlösung an!"

Zu direkte Fragen
Der Klient kann das Gefühl haben, dass er unbedingt antworten muss und keine Wahl hat. Er fühlt sich unter Druck gesetzt und unfrei.

Sehr schwierige oder zu einfache Fragen
Bei zu schwierigen Fragen kann sich der Klient überfordert fühlen und gegebenenfalls mutlos werden. Bei zu leichten Fra-

gen fühlt sich der Klient eventuell unterfordert und nicht ernst genommen.

Suggestivfragen
Bereits der Begriff zeigt, hier wird etwas suggeriert oder „untergeschoben". Mit Fragestellungen wie: „Meinen Sie nicht auch, dass ...?", drückt der Berater dem Klienten seine Meinung auf. Entweder greift der Klient zu bereitwillig nach diesem Angebot und ist in der eigenen Lösungserarbeitung gehemmt, oder er wird ärgerlich und fühlt sich bevormundet.

Warum, wieso, weshalb, wodurch, weswegen
Diese Fragen stellen eine emotionale Überforderung für den Klienten dar. Er wird zu rationalen Erklärungsversuchen oder zu angstbesetzten Rechtfertigungsversuchen greifen. Hinter Warum-Fragen steckt oft ein versteckter Vorwurf oder eine Ermahnung. Diese Fragen können wir gegebenfalls erst einsetzen, wenn der Klient mit seinem Bericht zu Ende ist.

Kurzberater fördern und lösen ausschließlich mit Fragen wie:

WO (Ort)
WER (Person)
WIE (Beschaffenheit)
WAS (Sache)
WIE VIEL (Maß/Mengenangaben)

Bei Ausbildungen in der Technik der lösungsorientierten Kurzberatung helfe ich meinen Teilnehmern mit folgenden Bildern:

Sie haben einen Autounfall, wen rufen sie an? Die Polizei! Der Polizist, der zunächst nur per Telefon ermitteln kann, muss schnelle Hilfe gewährleisten, er fragt: „Wo (Ort) ist der Unfall passiert? – Wer (Person) sind Sie? – Wie (Beschaffenheit) können Sie mir die Situation der Beteiligten beschreiben? –

Wie viele (Mengenangabe) Personen sind verletzt? – Was (Sache) haben Sie bereits am Unfallort für Sicherungen vorgenommen?"

Mit diesen Fragen erhält der Polizist alle wesentlichen Informationen, um Strategien zu entwickeln und erste Maßnahmen zu veranlassen: das ist lösungsorientiertes Denken.

Würde er Fragen stellen wie: „Warum ist der Unfall passiert? – Wieso rufen Sie gerade mich an? – Weshalb haben Sie nicht gleich einen Notarzt bestellt? – Wodurch wurden die Leute verletzt? – Weswegen sind Sie nicht verletzt?", wäre er einem Schwall von Beteuerungen ausgesetzt, die kostbare Zeit verschwendet und niemand weiterbringt: das ist problemorientiertes Denken.

Selbstverständlich sind auch diese Fragen berechtigte Fragen, allerdings nur, wenn wir in die Psyche, somit die Tiefe des Menschen gehen. Am Anfang der Beratung, während des Berichtes des Klienten, sind sie nicht adäquat. Auch für diese Fragen ein Beispiel:

Ein verzweifelter Mensch ruft bei der telefonischen Seelsorge an und kann vor lauter Weinen und Schluchzen keinen zusammenhängenden Satz aussprechen. Die Seelsorgerin beginnt zu fragen: „Weshalb (Grund) sind Sie so verzweifelt? – Warum (Befindlichkeit) können Sie nicht sprechen? – Weswegen (Zusammenhang) sind Sie in diesem Zustand? – Wieso (Situation) sind Sie alleine? – Wodurch (Einfluss) sind Sie in diese Verfassung geraten?"

Die Seelsorgerin bewegt sich ausschließlich auf der Gefühlsebene, um den Anrufer zu beruhigen, ihm zu signalisieren: Ich sorge mich um dich und deine Seele, hier ist jemand, der dir zuhört, für dich da ist. Sie wird erst nach einem oft wirren Durcheinander von Gefühlsäußerungen eine eventuelle Möglichkeit der sachlichen Fragen haben. Sie hat nicht die Zeit, lösungsorientiert zu arbeiten, sie muss und wird daher auch konkrete Ratschläge geben, teilweise sogar auffordern zum Tun. Sie weiß allerdings, dass dies oft nur kurzfristig hilft bzw. überbrückt, um Schlimmeres zu verhindern. Völlig deplatziert und roh empfände der verzweifelte Anrufer bei der telefonischen Seelsorge Fragen wie: „Was führt Sie zu uns? – Wer sind Sie? – Von wo aus rufen Sie an? – Warum geht es Ihnen so schlecht?"

„Trottelfragen" und andere

Fragetechniken sind in erster Linie nicht gut oder schlecht gewählt, sondern Ausdruck des Konzeptes!

Die Lösungsorientierung lebt durch Fragen. Fragen müssen so formuliert werden, dass sie den Gedankenfluss des Klienten anregen, fördern, in neue Richtungen bringen, Antworten produzieren und Gesagtes kognitiv machen.

Der Klient wird bei gut gestellten Fragen in richtiger, also konstruktiver Reihenfolge, immer das Gefühl mit nach Hause nehmen, dass *er* die Lösung gefunden hat. Er ist zugleich stolz auf sich, überzeugt von seiner Arbeit und will sein Ziel in jedem Fall erreichen.

Was wollen wir mit den Fragen als Erstes und Wesentlichstes erfahren und für Klient und Berater sichtbar machen?

- Wie ist das Verhalten, das Fühlen, das Denken in seiner Einbindung in die aktuellen Beziehungen des Klienten zu verstehen?
- Welchen Stellenwert hat es dort?
- Warum bedrückt es gerade jetzt?
- Welche Funktion nimmt es ein?
- Wie liegen die Entwicklungsmöglichkeiten?

- Welche Fähigkeiten weist er auf, die ihn aus der Problematik heraus führen?
- Mit welchem Anreiz wird er die ersten Veränderungen angehen wollen und können?
- Wo sind Ausnahmen zu spüren, die weiterführen?
- Wo ist eine Projektion, ein Vorurteil, eine Generalisierung?
- Wie stark ist der Leidensdruck und wie unterscheidet er sich vom bloßen Jammern?

Fragen gelten als Leitlinien des Denkens. „Wer fragt, der führt", ein oft zitierter Satz von ARISTOTELES. Wir als Berater führen den Klienten mit unseren Fragen wie ein Führer durch das momentane, verwirrende Labyrinth des Problembewusstseins und der Lösungssuche. Dabei ist es wichtig, dass wir darauf achten, uns nicht selbst zu verirren.

Sobald wir uns durch die vorher genannten Fragen ein Bild gemacht haben und auch der Klient sich klarer sieht, beginnen wir mit *stimulierenden Fragen*, die der kreativen Gestaltung von neuen Situationen und Lösungsmöglichkeiten dienen können:

- „Was ist am beklagten Sachverhalt positiv?"
- „Was kann zunächst verbessert werden?"
- „Was werden Sie selbst zur positiven Veränderung hinzu tun?"
- „Was könnte Ihnen Freude, Genuss bereiten bei einer Neugestaltung?"
- „Was wollten Sie immer schon einmal ausprobieren?"

Zuerst lassen wir der Kreativität bewusst ihren Lauf, aber bereits bei zu erkennenden brauchbaren Arbeitsansätzen gehen wir in Fragen zur Entscheidung und zu Konsequenzen über oder zu Entscheidungen von Ansätzen/Teilschritten.

- „Entspricht das zu erwartende Ergebnis dieser Idee Ihren Wünschen und Interessen?"

- „Ist der Einsatz in der Relation zum Ergebnis in Ihrem Sinne?"
- „Sind Sie zu diesem Einsatz bereit?"
- „Ist ihnen das zu erwartende Ergebnis der Einsatz wert?"
- „Betrachten Sie das als einen Gewinn für sich?"
- „Sind Sie bereit, dafür auf x zu verzichten?"
- „Sind Sie schon soweit, alle Konsequenzen zu tragen?"
- „Wenn sich die zu erwartenden Ergebnisse nicht einstellen, wie wollen Sie fortfahren, damit sie sich einstellen?"

Eine Art von Fragen, die ich heimlich die „Trottelfragen" nenne, empfinde ich bei Klienten, die geradezu verknöchert in ihrem Beklagen des Sachverhaltes verharren, als förderlich. Der Trottel ist in diesem Fall der Berater. Da ich nicht bewerten darf, brauche ich ein Instrument, um dem Klienten klar zu machen, dass das, was er da berichtet, „irgendwie merkwürdig" ist und dass ich es (noch) nicht verstanden habe. Ich frage schlicht und emotional, oder ich übertreibe bewusst bei den Adjektiven, achte aber darauf, dass die Frage nicht dümmlich, albern oder veralbernd wirkt. Beispiele:

„Es mag etwas verrückt klingen, aber stellen Sie sich einmal vor, Sie könnten den beklagten Sachverhalt bewusst herbeiführen. Was müssten Sie dafür unternehmen?"

In den meisten Fällen erhalte ich eine prompte Beschreibung dessen, was der Klient zur Sache selbst beiträgt, auch bei Klienten, die vorher noch fest behauptet haben, sie seien völlig unbeteiligt an diesem Dilemma.

„Bei den horrenden, ja grauenhaften Schwierigkeiten, die Sie mir da beschreiben, was hat Sie als kompetente Führungskraft dazu bewogen, bei dieser Firma zu bleiben?"

Der Klient schwächt ab, zählt mir auf einmal einige Vorteile auf, nennt nette Leute, gibt zu, z. Zt. nicht gut drauf zu sein etc. Manche verteidigen fast ihren vorher so verdammten Zustand.

„Zeigen Sie mir einmal, wie diese grauenhafte Person mit ihnen redet. Ich kann mir das nicht vorstellen! Können Sie das in wörtlicher Rede vormachen?

Aussagen werden nun weicher, weniger schlimm, oder es wird z. B. zugegeben, dass man diese Person einfach nicht mag und sonstige weiterführende Erklärungen. Wird die Rolle gespielt, dann meist sehr überzogen. Daraus ist die Beziehung des Klienten zu dieser Person gut zu ersehen und Reaktionen abzuleiten.

„Können Sie sich vorstellen, dieser schrecklichen Person eine Freude zu machen, ihr einen Gefallen zu tun?"

Hier gibt es zwei Möglichkeiten des Aufbruchs: entweder zeigt der Klient, dass er der Aggressor ist, indem er klar sagt: „Für den/die? Ich denke ja gar nicht dran." Oder es wird die negative Beziehung näher erläutert: „Das würde ich gerne, aber die Person gestattet mir das nie."

In jedem Fall ist der Klient durch meine so simplen Fragen ins Reden gekommen und wir damit weiter. Fragen organisieren, sortieren, strukturieren – führen also aus dem Durcheinander, dem Schlamassel (das hebräische Wort für Unglück, Durcheinander) heraus.

Diese Frageart (Trottelfragen) ist allerdings die einzige, in der lösungsorientierte Kurzberater direkt „spielerisch" vorgehen. Ansonsten müssen alle weiteren Fragetechniken nur und ausschließlich dem Fördern, dem Weiterkommen gewidmet sein. Gekonnte und bewusst gestellte Fragen sind natürlich immer in gewisser Weise manipulativ.

Die meisten Leser werden aus der Führungsrolle heraus, dem Verkauf, der Projektarbeit, Mitarbeitergesprächen, der Beratungsarbeit etc. mit den gängigen Fragetechniken vertraut sein. In Folge werde ich daher nur als Auffrischung die verschiedenen Fragearten und Techniken aufzählen:

Offene Fragen

1. Steuerungsfragen
Stellt man eine Frage nach einem anderen Zusammenhang, so kann man damit einen Bericht/ein Gespräch in eine andere Richtung steuern. „Wie haben Sie eigentlich früher, vor dem beklagten Sachverhalt in Situationen X – Y, mit Mitarbeitern/Kollegen etc. am Arbeitsplatz gelebt?"

2. Gegenfragen
Die Gegenfrage vertauscht die Rollen und irritiert den anderen. „Warum fragen Sie sich das? Wie meinen Sie die Frage? Bringt Sie diese Frage weiter?"

3. Weiterfragen
Die Weiterfrage fragt ab, ob sich der Bericht auch tatsächlich auf den (wahren) Sachpunkt bezieht? „Setzen wir voraus, wir könnten eine Lösung erarbeiten, werden Sie sich dann ändern? – Sind Sie mit dem eben Gesagten noch in der ursprünglichen Beschreibung ihres Problems, die uns zu ersten Lösungsansätzen bringt?"

4. Projektive Fragen
Diese Form verlagert die Antwort in eine dritte Person. Viele nennen ihre eigene Meinung zu einer Sache nicht gerne, verraten sie jedoch unterschwellig, wenn sie sie in einem Dritten spiegeln können. „Was würde Ihr Kollege, Ihr Chef, Ihr Mitarbeiter ... dazu sagen?"

5. Provokative Fragen
Die provokative Frage fordert den anderen heraus. „Trauen Sie sich zu, eine Veränderung überhaupt in Angriff nehmen zu können?"

„Glauben Sie wirklich daran, dass Sie auf diesem Wege eine Lösung finden?"

6. *Wertfragen*
Will man nicht nur Sachinformationen bekommen, sondern gleichzeitig wissen, wie der Klient die Sache einschätzt, so fragt der Berater am besten nach:
– Prioritäten
  „Was halten Sie in der Sache für besonders wichtig?"
– Analogien
  „Wie sind ähnliche Fälle, die Sie kennen, gelöst worden?"
– Gründen
  „Warum, glauben Sie, da das so ist?"
– Ergänzungen
  „Was spielt Ihrer Meinung nach eine zusätzliche Rolle?"
– Schwierigkeiten
  „Wo sehen Sie im beklagten Sachverhalt die größten Schwierigkeiten?"
– Vorschlägen
  Was schlagen Sie als Lösung vor?"

Während die offenen Fragen mehr die Gefühlsebene ansprechen, werden Sachinhalte eher durch geschlossene Fragen abgerufen.

Geschlossene Fragen

1. Suggestivfragen
Hier wird die gezielte Zustimmung zu einem in der Frage eingebrachten Inhalt abgefragt. „Sie sind doch auch der Ansicht, dass X sich durch Y ändert?"

2. Inhaltsfragen
Es wird ein Inhalt neu ins Gespräch gebracht, nämlich die Meinung eines anderen. „Was würde Herr Z jetzt meinen? – Was wäre nun die Reaktion von Herrn Z?"

3. Kontrollfragen
Mit Kontrollfragen wird Verständnis oder Einverständnis beim Gesprächspartner eingeholt oder kontrolliert. „Sind wir noch auf der gleichen Wellenlänge? – Sind wir uns über diesen Lösungsansatz einig?"

4. Unterstellende Fragen
Der Berater setzt in seiner Frage z. B. Schwierigkeiten voraus. Das soll es dem Klienten leichter machen, darüber offener zu sprechen. Gelegentlich wirkt die unterstellende Frage wie eine Suggestivfrage. „Ist der gerade beschriebene Sachverhalt die größte Schwierigkeit für Sie?" – Ist das für Sie ein bedrückender Zustand?"

5. Sokratesfragen
Sokrates bezweifelte oft einen Inhalt nicht durch direkten Widerspruch, sondern durch die Frage nach der Richtigkeit. Er vermied damit direkte Konfrontation. „Ist es der richtige Weg, so vorzugehen? – Ob der Beginn in diesem Teilansatz liegt?"

6. Kettenfragen
Mehrere Fragen werden hintereinander gestellt. „Wie sehen Sie das? Was schlagen Sie vor? Womit wollen Sie beginnen und wie wollen Sie das verwirklichen?"

7. Balkonfragen
Zunächst wird ein Sachverhalt festgestellt und dann als „Balkon" die Frage angeschlossen. „Herr Müller gab zu, das Thema Demotivation in Ihr Team gebracht zu haben. Denken Sie, er nimmt negativen Einfluss auf die Kollegen?"

Keine dieser Fragetechniken soll einstudiert werden oder als Gesamtkomplex „geübt" werden. Die Aufzählung dient dazu, sich der Wirkung des Fragens bewusst zu werden. Nicht alle Fragetechniken passen zu jedem Berater. Wichtig ist zunächst das Bewusstsein für das Fragen zu entwickeln und als wesentlichstes Arbeitsmittel in der lösungsorientierten Kurzberatung anzunehmen. Mit ein wenig Fingerspitzengefühl hat ein guter Kurzberater bald heraus, welche Fragetechniken zu ihm passen und mit welchen er Wirkung erzielen wird. Beim Verwenden der passenden und angebrachten Fragen wird die Folge immer ein einengendes Fragen sein, das uns der Lösungsfindung näher bringt.

Einengendes Fragen

Legt der Berater beim Bericht des beklagten Sachverhaltes sowie beim weiteren Gespräch Wert auf umfassende Information und Meinungsdarstellung, so sollten einengende Fragen (auch Eröffnungsfragen) zunächst bewusst allgemein gehalten werden.

Der Klient soll möglichst viel erzählen. Erst danach fragt der Berater gezielt nach Ergänzungen, füllt Wissenslücken durch Nachfragen, fragt auch Bestätigungen oder Verneinungen ab. Der Antwortspielraum, den der Berater dem Klienten lässt, ist am Anfang weiter und breiter und wird im Laufe der Beratungssitzung enger und schmaler. Diese fragende Gesprächstechnik des Beraters schafft einen trichterförmigen Gesprächsverlauf. Der Vorteil dieser steten Arbeitssituation ist, dass man Struktur gewinnt ohne abzuschweifen und sich zunehmend auf den zu erreichenden Punkt fokussiert: das Ziel.

Auch ein langer Weg beginnt mit einem Schritt. Fragen begleiten und bewegen die Schritte des Klienten. Es sind Fragen, die auf die Fähigkeiten des Klienten abzielen.

Nonverbale Kommunikation und aktives Zuhören

Fragen sind nur eine Technik zur Verbesserung der Beratung. Sprechen Sie Gesprächstherapeuten darauf an, was die komplexe und komplizierte Beratungssituation ausmacht, erhalten Sie eine einfache, bescheidene Charakterisierung: Schweigen und Zuhören.

Die Redensart lautet zwar, Schweigen ist Gold, doch Schweigen kann in bestimmten Situationen als belastend, bedrückend und sogar peinlich empfunden werden. P. WATZLAWICK hat die für die Kommunikation so wesentliche Erkenntnis geprägt:

„Man kann nicht nicht kommunizieren!"

Schon wenn ich mich abwende, also eine körperliche Reaktion zeige, habe ich nonverbal kommuniziert. Die trotzig verkündete Aussage: „Ich will mich mit dir nicht unterhalten! – Darüber werde ich mit Ihnen kein Wort verlieren!", ist eine Kommunikation und das auch noch mit sehr viel Emotion und Interpretationsmöglichkeit.

In der lösungsorientierten Kurzberatung gehen Berater sehr bewusst mit der nonverbalen und verbalen Kommunikation um. Unser Zuhören signalisieren wir nonverbal deutlich mit Nicken, Stirnrunzeln, freundlichem Lächeln, wir neigem dem Klienten den Körper zu. Aktives Zuhören begleiten wir mit verbalen Lautäußerungen wie: Ja, genau, mmh, aha usw. Wir zeigen dem Klienten damit, dass wir uns voll auf ihn konzentrieren, dass wir mitdenken und gespannt auf weitere Aussagen warten, kurz: wir fördern ihn.

Hemmend sind dagegen Signale, die ein Nichtverstehen, Andersdenken, In-Frage-Stellen, Abneigung oder Abwehr anzeigen: alle nonverbalen Negativreaktionen des Gesichtes wie Mundwinkel herabziehen, Augenbraue hochziehen, Nase rümpfen, Augenlider hoch klappen, Kopf schütteln, Blick abwenden. Weitere negative körpersprachliche Signale sind: Schulter zeigen, nur den halben Körper zuneigen, etwas anderes nebenher tun, auf dem Stuhl wippen, sich auf dem Stuhl zurücksetzen, mit Gegenständen Laute verursachen. Als negative verbale Signale gelten kategorische Äußerungen wie: Nein, niemals, nicht, ach was, kann ich mir nicht vorstellen, gibt's doch gar nicht, aber.

Das aktive Zuhören begrenzt sich nicht nur auf die Körpersprache und die aktivierenden, bestätigenden Laute. Am Anfang eines Gespräches sind oft Hilfen notwendig, um den Klienten zum offenen Sprechen zu bewegen und zu ermutigen. Am besten gelingt dies mit *nicht festlegenden Aufforderungen* wie z. B.: „Möchten Sie mir darüber mehr berichten?"; „Das gerade Gesagte scheint Sie stark zu berühren?"; „Wollen Sie erst einmal bei diesem Thema bleiben?"

Bei dieser Frage- und Aktivierungsform achten wir darauf, unter keinen Umständen zu bewerten, was vom Klienten gesagt und berichtet wurde. Die Botschaften, die wir geben, müssen offen klingen. Dadurch wird unser Zuhören aktiv und unsere Fragen wirken wie „Türöffner". Mit solchen Fragen erfährt der Klient, dass der Berater seine Aussagen konzentriert und bewusst anhört und zu verstehen versucht.

Nach Beendigung von Führungsseminaren erlebe ich es immer wieder, dass sich Teilnehmer, die ich während des Seminars als ruhig erlebt habe, in meiner Nähe aufhalten. Ich merke, dass sie etwas „auf dem Herzen" haben, aber anscheinend nicht wissen, wie sie anfangen sollen. Der „Türöffner" – möglichst neutral, muss von mir kommen: „Gibt es noch eine Frage zum Seminar, die ich Ihnen in der Kürze der Zeit beantworten kann?" (Zur Kürze greife ich bewusst, denn das signalisiert erst einmal Oberfläche und nimmt die Scheu.)

Männer und Frauen, die Tag für Tag als Führungskräfte Entscheidungen treffen, in großen Zusammenhängen denken, Menschen leiten und führen, Visionen haben und richtungsweisend agieren, sind oft nicht in der Lage, für sich selbst und über sich selbst zu sprechen. Sie beginnen einschränkend und mit Einleitungen: „Es ist nur eine theoretische Frage ... das fiel mir so ein während des Seminars ... es geht nicht um mich, sondern um eine bekannte Person ... was halten Sie von diesem Beispiel ...? Ein gutes Seminar, da hätte ich weiter machen können ... etc." Ich muss mir dann förmlich das Reden verbieten und mich dazu zwingen, ausschließlich aktiv zu zuhören: „HmHm!", am Ende der kurzen Laute die Stimme anhebend.

Das ist Auftakt und Aufforderung genug. Nun reden die meisten bis zu zehn Minuten ohne eine Unterbrechung. Es ist unglaublich, wieviel Unausgesprochenes die Menschen mit sich herumschleppen. Obwohl ich nun eigentlich Feierabend hätte, höre ich weiter aktiv zu und unterdrücke es, Fragen zu stellen. Das einzige Zutun meinerseits bleibt das aktive Zuhören. Nach diesen kurzen Gesprächen (im Grunde Monologe), wirken die Leute viel lockerer und scheinen neue Kraft und neuen Mut zu sich selbst entwickelt zu haben. Freundlich und oft fröhlich verabschieden sich die Gesprächspartner bei mir. Mir verbleibt der angenehme und bereichernde Gedanke, wie sehr es geholfen hat, einfach nur wohlwollend zuzuhören.

Das bestätigt mir und ist u. a. meine Lieblingsregel Nr. 1 des Kommunikationstrainings:

ZUHÖREN (aktiv und konzentriert) – LOSLASSEN (der eigenen Gedanken und nicht weiter- bzw. vorausdenken) – ZULASSEN (neuer Gedanken) – PAUSE

Paraphrasieren und Verbalisieren

Nach dem aktiven Zuhören und der Phase des „Aussprechens" seitens unseres Klienten beginnt nun das eigentliche Gespräch. Dazu gibt es in der lösungsorientierten Beratung zwei weitere sehr wesentliche partnerzentrierte Grundhaltungen und Techniken: das *Paraphrasieren* und das *Verbalisieren emotionaler Erlebnisinhalte.*

Es ist wesentlich, den Klienten von Anfang an richtig und seinem Sinn gemäß zu verstehen. Missverständnisse blockieren jegliche Lösungsfindung. Ob wir die Aussagen des Klienten verstanden haben, ermitteln wir durch den Einsatz des Paraphrasierens, d. h. des Umschreibens.

Paraphrasieren

Der Berater gibt mit eigenen Worten sinngemäß wieder, was der Klient gesagt hat und umschreibt dessen Aussagen. Der Klient kann jetzt entweder feststellen, dass wir seine Aussagen verstanden haben, oder er kann „nachbessern". Dadurch können Missverständnisse von vorne herein ausgeschlossen werden.

Klient: „Ich kann tun und lassen, was ich will, meine Mitarbeiter sind nicht motiviert und danken mir meine Fürsorge nicht."
Berater: „Sie glauben, Sie werden von Ihren Mitarbeitern nicht geschätzt?" oder
Berater: „Glauben Sie, dass Ihre Mitarbeiter Sie nicht schätzen?"

Das Paraphrasieren kann in Aussageform erfolgen: „Sie glauben ...", oder in Frageform: „Glauben Sie ...?" Reine Wiederholungen klingen echohaft und verfehlen auch die Technik des Paraphrasierens. Das Paraphrasieren dient einerseits der Bestätigung des gehörten und verstandenen Sachverhaltes und ermöglicht es dem Berater andererseits, auf einer ganz anderen Wahrnehmungsebene zu antworten.

Wir unterscheiden folgende Wahrnehmungsarten bzw. -kanäle:

– Visuell = bildhaft, sehen, beobachten, etwas/jemanden anschauen
– auditiv = Klänge, Geräusche, etwas/jemanden hören
– kinästhetisch = etwas machen, fühlen, spüren
– gustatorisch = etwas schmecken (Unterbegriff)
– olfaktorisch = etwas/jemanden riechen (Unterbegriff)

Jedem Menschen stehen in der Regel alle Sinneswahrnehmungen zur Verfügung. Bei der Speicherung und Wiedergabe von Erlebnissen wird jedoch ein Sinnessystem bevorzugt. Die Dominanz eines Sinnessystems geht so weit, dass man von visuellen, auditiven oder kinästhetischen Typen spricht.

Auch beim Erinnern von Erlebnissen und beklagten Sachverhalten während der lösungsorientierten Kurzberatung unterscheiden sich die Typen grundlegend. Bei visuellen Menschen erhalte ich Berichte, die förmlich wie vor den Augen des Klienten erschienene Bilder wirken. Es wird Wert auf ausschmückende Details wie Kleidung, Frisuren, Möblierung von Räumen, Fahrzeugfarben und sonstige Optik gelegt. („Er war ein gepflegter, gutaussehender Mann".) Kinästhetische Menschen erinnern sich eher an das, was sie selbst in der Situation getan haben („Als ich die Treppe herauf ging..."") und auditive Klienten beschreiben die Stimme des anderen, Umweltgeräusche etc. („Nicht nur die vorbeifahrenden Züge störten, auch sein Schnaufen nach jedem Satz.")

Auf unsere Arbeit als Kurzberater übertragen heißt das: Will ich einen Menschen oder eine Gruppe von Menschen mit einer Botschaft erreichen, muss ich seine bzw. ihre Sprache sprechen, ihr bevorzugtes Sinnessystem berücksichtigen. Die Bestimmung des Sinnestypen ist jedoch zu Anfang einer Beratungssitzung kaum möglich, der Klient „verrät" sich erst im Laufe des Gespräches. Deshalb ist es empfehlenswert, um jedem Sinnestyp gerecht werden zu können, möglichst alle Sinne (im Wechsel) anzusprechen. Das macht die Sitzung „sinnen-voller". Je mehr Sinneserfahrungen der Klient macht, desto mehr und desto effektiver rege ich ihn an, seine Sinne vernetzen sich im Gehirn.

Klient: „Wissen Sie, lange Zeit konnte ich sehen, wie ich meine Mitarbeiter zu einem Team formierte und die Leute auch immer besser wurden, und dann auf einmal war ich es leid, immer nur für die Mitarbeiter präsent zu sein und zu motivieren. Wo stand ich da?"
Berater: „Ich glaube, Sie empfanden nach den schnellen Erfolgen eine Art Leere für sich selbst und möchten das jetzt ändern?"

Der Berater zielt auf kinästhetische Empfindungen ab, obwohl der Klient sich eindeutig im visuellen Bereich bewegt. Den beiden Gesprächspartnern wird es schwer fallen, einen „Rapport" herzustellen. Erst wenn dieser Rapport hergestellt ist, kann der Klient mit anderen Wahrnehmungskanälen konfrontiert werden. Es ist die Aufgabe des Beraters, auf der Ebene des Klienten zu denken und zu spüren, auf welchem Wahrnehmungskanal er sendet und somit empfangen kann.

Auch wenn die Bestimmung eines Sinnestypen vielen Kriterien unterliegt und wir alle Mischtypen sind, gibt es unterstützende Bestimmungshilfen und Arbeitsanleitungen für die Beratungssitzung:

Der visuelle Typ
– Körpermerkmale: Er sitzt meistens gerade und aufrecht, Schultern straff. Er braucht körperliche Distanz zum Berater, muss das Ganze im Blick haben.

- Augenbewegungen in Denk-und Sprechpausen. Er runzelt die Stirn, die Augen bewegen sich nach oben
- Sprechweise: schnell
- Sonstige Merkmale: Er benötigt immer zuerst einen Überblick über das Thema, über das ganze. Er orientiert sich an Äußerlichkeiten. Er handelt besonnen und überlegt. Bevor er handelt, macht er sich einen Plan und ist an langfristigem Planen interessiert. Er hat eine lebendige Vorstellungskraft, sieht Möglichkeiten und Details, ist kreativ. Bei seiner Kleidung ist es ihm wichtig, dass er gut aussieht, nicht ob sich das Material gut anfühlt. Er schreibt mit einer schönen Schrift und achtet auf die Optik des Gesamtbildes. Er macht eher Rechtschreibfehler, als den Normrand zu vergessen.
- Bevorzugte Arbeitsweise in der Beratungssitzung: Strukturiertes, organisiertes Vorgehen ist für ihn wichtig. Der Raum sollte ordentlich, ästhetisch und übersichtlich sein. Er benutzt gerne visuelle Hilfen. Halten Sie für ihn Papier, Bleistift, Farbstifte, eventuell eine Pinnwand, Flipchart bereit. Ihm sind Formalien wichtig. Er wird der sein, der u. U. einen schriftlichen Beratervertrag vorab sehen will und die jeweiligen Sitzungen schriftlich bestätigt haben möchte. Für ihn muss Klarheit herrschen, er hat große Abneigung gegen Chaos und Unvorhergesehenes.

Der auditive Typ
- Körpermerkmale: Er bewegt den Kopf leicht nickend. Er ist viel in Bewegung, aber rhythmischer als der Kinästhet.
- Augenbewegungen in Denk- und Sprechpausen: Seine Augen schweifen seitlich in beide Richtungen
- Sprechweise: Er hat eine ausdrucksvolle Stimme, die er auch gerne tönen lässt. Er spricht in rhythmischen Mustern.
- Sonstige Merkmale: Er will alles in eigenen Worten sagen, wiederholt daher oft bereits Gesagtes. Er denkt in Sequenzen, in Folgen und erzählt von Anfang bis zum Ende, weil er die Informationen in der Reihenfolge gespeichert hat. Er liebt Diskussionen und neigt vom Thema abzukommen. Für

ihn gibt es keine rhetorischen Fragen, er beantwortet alles. Er kann Gehörtes leicht wiederholen und gibt es zumeist wortwörtlich wieder. Er schreibt nicht gerne, während er etwas niederschreibt, spricht er sich den Text selbst vor.
– Bevorzugte Arbeitsweise in der Beratungssitzung: Er muss reden können und dürfen. Er liebt Diskussionen, weil er sich dabei gedanklich weiterentwickeln kann. Er neigt nicht nur zum Paraphrasieren, er benötigt es als „zweites Hören". Er ist sehr redselig, probiert damit aber auch gleich Alternativen aus. Er ist ein Sprechdenker. Gewöhnungsbedürftig ist seine Art dazwischen zu reden, zu „grummeln", alles zu kommentieren und mit Lauten zu versehen. Für ihn ist Reden mit sozialem Kontakt gleichgesetzt. Ein defektes Telefon wäre für ihn ein Alptraum. Er zieht sich zurück, wenn er in seinem Redefluss beschnitten wird. Einerseits muss dies der Berater einkalkulieren, er wird länger brauchen als andere Sinnestypen. Andererseits ist es wichtig, gleich von Anfang des Gespräches an, einen Zeitrahmen, eine Zeitbegrenzung zu vereinbaren. Eine Uhr im Raum oder auf dem Tisch kann ebenso hilfreich sein wie das Ankündigen der „Halbzeit".

Der kinästhetische Typ
– Körpermerkmale: Vom Nacken an abwärts ist der Körper viel in unruhiger Bewegung. Die Bewegungen sind unsystematisch und unvorhersehbar. Er gestikuliert viel, oft kommt die Gestik vor dem Wort. Die Schultern sind meistens rund. Er sitzt mit vorgezogenem Becken.
– Augenbewegungen in Denk-und Sprechpausen: Die Augen bewegen sich nach unten.
– Sprechweise: Die Stimme ist eher laut, der Sprechrhythmus langsam.
– Sonstige Merkmale: Er muss machen und tun, er probiert erst aus, bevor er plant. Er gewinnt zunächst nur einen allgemeinen Eindruck von Situationen, Sachverhalten. Er vernachlässigt Details. Er sucht die körperliche Nähe zu seinen Kontaktpersonen, so auch zum Berater. Er möchte berühren

und tut dies auch. Er hasst Routine. Selbst in einer belasteten Situation möchte er unterhalten werden. Er gefällt sich aber auch selbst im Unterhalten. Bei der Kleidung ist es ihm gleich, wie er aussieht, es muss sich gut anfühlen, bequem, gemütlich sein. Er behält im Gedächtnis, was er gespürt hat. Seine Berichte sind von vielen Körpergefühlen angereichert. Er hat ein ausgeprägtes Muskelgedächtnis.
– Bevorzugte Arbeitsweise in der Beratungssitzung: Er bevorzugt das Durcheinander. Er benutzt viel Material, zeigt gerne Bilder, Gesammeltes. Ihm sind die gute und angenehme Atmosphäre wichtiger als Formalitäten. Er achtet weniger auf die Form der Arbeit als auf die Originalität, die Kreativität und den Inhalt. Es kann durchaus vorkommen, dass er zu einer Beratungssitzung mit einem Stück Kuchen kommt. Er wird sich leichter öffnen, wenn er sich wie zu Hause fühlt. Er benötigt viel menschliche Wärme. Mit ihm können sie Situationen spielen. Er wird sich freudig und frei im Raum bewegen und Dinge auf „verschiedenen Stühlen" sitzend eher verstehen und annehmen.

Um den Rapport mit unserem Klienten zu erreichen, sind diese Kenntnisse hilfreiche Faktoren.

Verbalisieren emotionaler Erlebnisinhalte

Wir können über das bloße Paraphrasieren des Sachinhaltes hinaus versuchen, in unserer Antwort die Gefühle des Klienten auszudrücken, das sogenannte Verbalisieren emotionaler Erlebnisinhalte. Nehmen wir noch einmal dasselbe Beispiel wie beim Paraphrasieren:

Klient: „Wissen Sie, lange Zeit konnte ich sehen, wie ich meine Mitarbeiter zu einem Team formierte und die Leute auch immer besser wurden, und dann auf einmal war ich es leid, immer nur für die Mitarbeiter präsent zu sein und zu motivieren. Wo stand ich da?"

Berater: „Sie fühlen sich unverstanden und haben die Befürchtung, dass die abnehmende Qualität auf Sie zurückfällt."

Der Ratsuchende teilt seine Gefühle indirekt mit, der Berater spiegelt ihm in seiner Antwort seine Gefühle direkt wieder. Dadurch kann der Klient seine Gefühle besser erkennen und sich einfacher damit auseinandersetzen. Des weiteren erhält er einen sofortigen Spiegel dessen, wie er auf den Berater wirkt. Auch dies ist eine wesentliche Voraussetzung, Verantwortung für eigene Gefühle zu übernehmen.

Eine Sekretärin erklärt: „In einer guten Arbeitsbeziehung ist es wie in einer guten Partnerschaft. Man muss dem anderen zuhören." Sie umschreibt und geht nicht an ihre wahren Gefühle und Wünsche heran. Stattdessen könnte sie ihr Problem direkt ansprechen: „Ich ärgere mich, weil mein Chef mir nicht zuhört." Somit liegt der Berater richtig mit einem Verbalisieren emotionaler Erlebnisinhalte, wenn er zu der ersten Aussage der Sekretärin sagt: „Sie sind empört, wenn Ihr Chef ihnen nicht zuhört."

Direkte Aussagen können sehr nützlich sein, einen Konflikt zu lösen, da die Verantwortung für die eigenen Gefühle und Meinungen nicht auf Dritte abgeschoben werden kann. Auch in der gerne benutzten, sich dahinter versteckenden Man-Form kann bei direkten Aussagen nicht gesprochen werden. Allerdings können direkte Aussagen des Beraters auch Bestürzung hervorrufen, da wie in diesem Fall die Sekretärin klar auf den Beziehungskonflikt mit ihrem Chef gelenkt wird.

Ein Berater muss also damit rechnen, dass er bei direktem Ansprechen und Bewusstmachen der Gefühle einiges auslöst. Die Gefühle, bisher verdeckt oder verdrängt, können plötzlich voll ausbrechen und den Klienten ergreifen. Nur eine vorher erreichte gute Beziehungsebene zwischen Klient und Berater, eine akzeptierende und entspannte Atmosphäre wird erlauben, den Gefühlsausbruch zu bearbeiten. Der Berater muss nun Zuversicht und Stärke signalisieren und den Zustand als völlig in Ordnung beschreiben, damit der Klient sich nicht im Kreis bewegt oder erneut verdrängt.

Mehrmals habe ich bereits den Begriff eingesetzt: *Rapport herstellen*. Das heißt soviel wie: Spiegeln und Übersetzen. Die unterschiedlichen Wirklichkeiten und Wahrnehmungsarten von Klienten und lösungsorientierten Kurzberatern bedürfen einer Annäherung. Arbeiten wir mit einer Klientengruppe (z. B. einem Arbeitsteam), muss auch noch die Kommunikationskluft zwischen den einzelnen Klienten-Personen überbrückt werden.

Der Berater hat die Aufgabe, die unterschiedlichen Kommunikationsebenen als „Übersetzer" in die verschiedenen Wahrnehmungskanäle zu lenken. Die Väter des NLP (Neurolinguistisches Programmieren) CAMERON und BANDLER haben dafür witzige Umschreibungen: So ist für manche ausgeprägt visuelle Leute die Erfahrung, in einem sehr unordentlichen, ungepflegten Haus zu wohnen, mit der Erfahrung eines Kinästhetikers vergleichbar, der in einem Bett voller Kuchenkrümel schlafen muss. Für den Kinästhetiker ist weggestoßen zu werden so, wie es für einen Visuellen wäre, wenn er aus dem Bild gelassen würde. Für den auditiven Menschen wäre unlogisch zu sein gleichbedeutend mit dem Besuch eines dreidimensionalen Films für den Kinästhetiker oder eine psychodelische Light-Show für den Visuellen.

Gute Berater bekommen schnell Rapport zu Ratsuchenden und finden sich somit in das Wirklichkeitsmodell ihrer Klienten ein. Dadurch fällt es ihnen leichter, diese Wirklichkeiten mit neuen Verhaltens- und Erlebnismöglichkeiten zu erweitern. Die Muster, die erfahrene Berater benutzen, um diese besondere Beziehung, eben den Rapport zwischen sich und ihrem Klienten herzustellen, sind den vorher genannten Eigenschaften der verschiedenen Wahrnehmungstypen verwandt. Abgesehen von diesen Körpersignalen erkennen wir die Typen auch durch den Gebrauch bestimmter Worte. Visuelle Typen fragen z. B.: „Ist das für Sie anschaulich? – Können Sie sich das vorstellen? – Haben Sie sich ein Bild gemacht?" Kinästhetische Typen formulieren eher Sätze wie: „Spüren Sie den Unterschied? – Fühlen Sie ihrer Aussage nach! – Empfinden Sie das als o.k.?" Auditive Typen äußern sich z. B. folgendermaßen: „Klingt das für Sie gut? – Ich denke, das hört sich machbar an. – Das war eine schrille Beschreibung." Gustatorische und olfaktorische Typen schließlich sprechen „ihre" Sinne an mit Sätzen wie: „Das schmeckt Ihnen nicht, oder? – Den können Sie anscheinend nicht riechen."

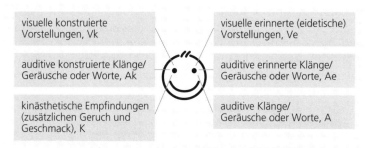

Abb. 10: *Visuelle Zugangshinweise für einen „normal organisierten" Rechtshänder*

Zuhören und Schweigen ist also weitaus mehr, als sich zurück zu lehnen und nichts zu tun. Mögen wir äußerlich so wirken, die geschulte Beobachtungsarbeit läuft innerlich ab.

Es gibt unterschiedlich organisierte Menschen. Welche Wahrnehmungsebene benutzt wird, können wir bei einem hirnorganisch normal organisierten (nicht umerzogenen) Rechtshänder (Linkshänder sind noch nicht genügend erforscht) an der Augenbewegung erkennen. Es wirkt so, als wenn der Mensch aus der jeweils vorbereiteten „Wahrnehmungsschublade" heraus denkt und spricht.

Wenn der Berater beispielsweise fragt: „Wie sah das Büro Ihres früheren Chefs aus?", bewegen sich die Augen kurz nach oben. Das ist eine visuell erinnerte Vorstellung (Ve). Bei Fragen, in denen es um konkrete Gefühle geht: „Wie haben Sie sich in diesem lauten Streit gefühlt?" gehen die Augen nach unten. Es handelt sich um eine kinästhetische Empfindung (K). Allgemeine Fragen wie: „Können Sie sich vorstellen, wohin Sie einmal gerne in Urlaub fahren würden?", können verschiedene Wahrnehmungskanäle ansprechen, also kann der Blick auch schweifen. Aber er wird verharren, also anzeigen. In diesem Fall bietet es sich an, dass er bei beim visuell Konstruierten (Vk) verharrt.

In diesem Sinn ist es nach BANDLER und GRINDER (NLP) wichtig, dass der Berater über Kenntnisse in dieser Technik und über sinnliche Erfahrung verfügt, um zu spüren und zu sehen, auf welcher Wahrnehmungsebene der Klient jetzt steht bzw. anzusprechen ist. Dadurch kann der Berater während des gesamten Gesprächs den Rapport, d. h. den Kontakt zum Klienten, herstellen und halten.

Beispiel: Wenn der Klient den Blick nach oben richtet, sollte der Berater eher fragen: „Was sehen Sie gerade innerlich?", statt: „Was fühlen Sie im Moment?" Die Kongruenz der Wahrnehmung fängt den Klienten auf, während die Annäherung der unterschiedlichen Wahrnehmungen von Berater und Klient auch eine Erweiterung und einen Wechsel der Wahrnehmungskanäle bedeutet.

Der fördernde Kontakt zum Klienten lässt sich nicht nur durch das Spiegeln von Aussagen und Emotionen herstellen, sondern auch im nonverbalen Bereich, d. h. mit Körperhaltung, Atmung, Gestik und Tonfall der Stimme des Klienten. In einer angeregten und stimmigen Gesprächssituation können wir den Mechanismus der sich spiegelnden Körpersprache sehr gut beobachten.

Verharrt der Berater zu lange in der Körperhaltung des Klienten, bewirkt er unter Umständen eine gefühlsmäßige Übertragung (z. B. Verharren in einer deprimierten, niedergeschlagenen Körperhaltung). Den Rapport zu nutzen bedeutet zwar, sich in die Welt des Ratsuchenden verbal und nonverbal hineinzubegeben, aber auch, sich möglichst bald gemeinsam aus dieser herauszubewegen, d. h. die Wahrnehmungskanäle ggf. zu wechseln, sowie das Problem umzudeuten und Alternativen zu proben.

Wir haben drei Arbeitsmöglichkeiten zur Verfügung:

1. Ich passe mich dem Atemtempo und der Häufigkeit der wiederkehrenden Bewegungsabläufe des Klienten an, es wird eine greifende Wirkung haben.
2. Ich setze mich in gleicher Form wie mein Klient hin, gleiche Beinstellung, gleiche Armhaltung, gleiche Kopfhaltung. Dies signalisiert bei abwehrender Haltung des Klienten meine Abwehr und wird ihn zu mir wendend umstimmen. Bei sich zuwendender Haltung beider Gesprächspartner fördert dies die positive Beziehungsebene.
3. Ich setze mich in genau entgegengesetzter Form hin oder stehe auf. Dies lockert entweder Verkrampfung oder wird den Klienten zu emotionalen Aussagen bewegen.

Schwierige Klienten

Was macht nun ein Berater, wenn er in die unangenehme und schwierige Situation gerät, einen Klienten vor sich zu haben, der zwar erklärt, einen Leidensdruck zu haben, der auch den beklagten Sachverhalt in allen Facetten schildern kann, aber durch keine auch noch so gekonnt oder gezielt angesetzte Technik zu bewegen ist, Lösungsschritte einzuleiten, ja erst gar nicht in Betracht zu ziehen?

Der Anstoß zur Veränderung muss vom Klienten kommen! Die sicherste Methode für den Berater, aus einer „vertrackten" Situation herauszukommen, ist es, sich die negative Sichtweise des Klienten zu eigen zu machen und ihm sein Symptom zu „verschreiben".

Diese Technik wurde zunächst durch Zufall von MILTON ERICKSON bei einer durch nichts zu bewegenden Patientin entdeckt und später ausgereift und therapiefähig gemacht. Die Therapieform wird die *paradoxe Intervention* genannt. Sie wird angewandt, wenn der Patient bzw. Klient keinerlei Hoffnung auf Besserung und Änderung zeigt und alle denkbaren Alternativen zurückweist (s. auch Kap. Stabile und rasche Veränderungen, S. 63 ff.).

Ein Beispiel: Der lösungsorientierte Kurzberater muss klar zeigen, dass er bei einer solchen Haltung nicht mehr „einsatzfähig" ist und sich nicht mehr in der Mitverantwortung zur Besserung des Klienten sieht.

„Sie haben mir Ihre Situation, die Beteiligten und die Probleme sehr ausführlich beschrieben. Sie haben mir klar gemacht, dass Sie bereits sehr viel unternommen und eine Menge versucht haben, um aus diesem Problem heraus zu kommen. Leider hat bisher nichts geholfen. Auch bei unserer Beratungssitzung, sehe ich, hat bisher nichts weitergeführt. Eigentlich ist gar keine absehbare Hoffnung auf Besserung zu erkennen. Eine Weile habe ich noch gedacht, wir könnten den einen oder anderen Lösungsansatz aufdecken und damit Lösungsansätze für Sie finden. Sie haben mich für heute (diese Einschränkung ist *sehr* wichtig) überzeugt, dass Sie alles schon ausprobiert haben, was möglich ist und das ohne Erfolg. Daher denke ich, sollten Sie die Hoffnung auf Besserung erst einmal aufgeben und wir sollten uns ein neues Ziel setzen. Solche Probleme wie das Ihrige können ja über Jahre hinweg anhalten. Daher sollten wir daran arbeiten, Wege zu finden, wie Sie sich am besten in den kommenden Jahren mit den Problemen arrangieren. Was können Sie nun tun, sich darauf einzustellen?"

In den meisten Fällen ist die erstaunliche Reaktion, dass der Klient sich nun als eine Art „Hoffnungsträger" gegenüber seinem „resignierten" Berater sieht. Er ist wieder in der Lage, die andere Seite der Situation seiner scheinbar so ausweglosen Situation zu sehen und ein Vorwärts doch zu wollen. Er wird dem Berater Vorteile seiner Situation beschreiben und abschwächen.

Gibt es bei meinem Klienten nur eine vorübergehend Blockade dieser Art, gebe ich ihnen als „Pause" einen Spruch, den mir einmal eine humorvolle Seminarteilnehmerin geschenkt hat:

Positives Denken

Man müsste von Zeit zu Zeit einen Tag einlegen, wo man sich ständig bewusst macht, dass jeder, der einem begegnet, es nur gut mit einem meint.

Der Verkäufer, der uns zuwenig Wechselgeld herausgibt, will nur unsere Aufmerksamkeit schärfen.

Der Autofahrer, der uns schneidet, möchte lediglich unser Reaktionsvermögen schulen.

Der Taschendieb, der uns um unsere Geldbörse erleichtert, ist so nett, uns an die Unbeständigkeit irdischer Güter zu erinnern.

Und all die Menschen, die uns missmutige, unfreundliche Gesichter zeigen, bemühen sich uneigennützig darum, uns als abschreckende Beispiele zu dienen.

Es ist alles eine Sache der Sichtweise.

Schlussintervention und Anschluss-Sitzung

Ich beende jede Beratungssitzung in Gedanken an das Tao der Führung (HEIDER, 1995).

„Wenn man sein Ziel kennt, so gibt das Festigkeit, – Festigkeit gibt Ruhe, – die Ruhe allein führt zum inneren Frieden, – der innere Frieden allein ermöglicht ernstes und besonnenes Nachdenken, – ernstes und besonnenes Nachdenken allein führt zum Gelingen. Ein Ziel ist wie ein Feuer, es gibt bei Nacht und Nebel Orientierung. Es führt uns immer wieder auf unseren Kurs zurück, so dass wir die Richtung unseres erstrebenswerten Ziels stets einhalten. Ein Ziel haben, das ist die wesentliche Voraussetzung für Lösungen. Wer weiß, wohin es gehen soll, wird führen, lenken und erreichen."

Mit einem gewissen Blick auf die Uhr fassen wir für unseren Klienten zusammen. In die Zusammenfassung gehört die Anerkennung für das, was der Klient geleistet und erreicht hat. (Nicht hinein gehören Einschränkungen und Entschuldigungen für Zeitnot oder nicht Erreichtes.) Ferner zählen wir Erkenntnisse auf, Abgearbeitetes, „Geparktes" für die nächste Sitzung, Vorhaben des Klienten. Nach der Zusammenfassung ist es wichtig, den Klienten zu fragen, ob er diesen Ausführungen zustimmt. Wenn er verneint, lassen wir ihn verbessern und ergänzen. Auch dies fassen wir wieder zusammen und erfragen die Bestätigung. Dies soll allerdings nicht der Auftakt zu einer erneuten Aufnahme der Sitzung sein. Bei zu Redeschwällen tendierenden Menschen hat es sich bewährt, sich in einer klein machenden, begrenzenden Sprache auszudrücken: „Noch ganz kurz zum Ende ..."; „am Schluss eine kleine Zusammenfassung ..."; „als Kurzfassung nur noch eben ..." etc.

Wenn der Klient gleich bejaht, fragen wir mit ein bis zwei gravierenden Punkten noch einmal gegen. Erhalten wir erneut Bejahung, können wir in die Abmachung, die „Hausaufgabe" als Schlussintervention gehen.

Der Berater fragt den Klienten:

- „Womit wollen Sie beginnen?"
- „Womit beginnen Sie?"
- „Wie wollen Sie beginnen?"
- „Was fällt Ihnen am leichtesten?"
- „Woran haben Sie die größte Freude?"
- „Welche Arbeitsschritte haben wir erarbeitet?"
- „Bis wann wollen Sie welche Teilschritte erreicht haben?"

Bei labileren Menschen ist eine Art schriftlicher Vertrag hilfreich. Der Berater gibt dem Klienten ein Stück Papier, das bereits mit den Grundfragen vorbereitet sein kann (siehe Checklisten), auf dem der Klient die obengenannten Fragen in Kurzform beantwortet. Sowohl Berater als auch Klient unterschreiben. Eine Kopie verbleibt beim Berater, der Klient nimmt seine mit.

Die Schlussintervention der lösungsorientierten Kurzberatung lässt sich zusammenfassend in drei Teile gliedern:

Teil A : *Anerkennung*
Wir arbeiten mit begeistertem Anfeuern (Cheerleading), Anerkennung, Normalisierung, dem Aufzeigen des Guten im Schlechten, „X trotz Y". Die Anerkennung kann jetzt noch genauer und konkreter auf die Situation des Klienten bezogen werden, da mehr Informationen zur Verfügung stehen.

Teil B : *Botschaft*
In der Botschaft werden den Klienten Informationen gegeben, die sie nicht kennen und die sie aber bei der Lösungsfindung unterstützen, z. B. dass Streiten durchaus positiv und kon-

struktiv sein kann, dass Mitarbeiter eigene Erfahrungen machen müssen, dass es unterschiedliche Denkansätze für alles gibt, etc. DE SHAZER setzt bei seinen Botschaften häufig eine „Verwirrungs-Strategie" ein, um bei Klienten starre (gewohnte) Denkmuster aufzulösen und sie für die Hausaufgaben aufgeschlossen zu machen.

Teil C : *Hausaufgabe*
Der Klient wiederholt seine neue Sichtweise und beschreibt dem Berater sein neues Verhalten. Er erarbeitet sich selbst die Schritte, die er nun nacheinander gehen will und wird. Er setzt sich die Teilziele, die Größe und Anzahl der „Portionen" bestimmt er selbst.

Der Berater warnt in wohlwollender Weise sowohl vor Rückschlägen wie auch vor einer zu langsamen Gangart. Er wird in jedem Fall um Beachtung bitten: „Achten Sie bis zu unserer nächsten Sitzung darauf, was sich verändert von der Art/Sache/Situation ..., bei der Sie gerne mehr tun/erreichen/schaffen möchten, so dass Sie mir beim nächsten Mal davon berichten können."

Die Anschluss-Sitzung

Die nächste Sitzung wird terminlich und zeitlich vereinbart. Erfahrungsgemäß ist nach der ersten Sitzung eine bald folgende zweite Sitzung angebracht, nicht zuletzt, weil der Klient seine Erfolge freudig berichten oder seine evtl. Misserfolge mit dem noch frischen Erarbeiten der ersten Sitzung schneller zu verbesserter Lösungsarbeit führen möchte. Bei weiteren Sitzungen sind die zeitlichen Abstände größer zu halten. Ein genaues Richtmaß ist nicht anzusetzen. Der Schweregrad des beklagten Sachverhaltes ist ein maßgeblicher Punkt, aber ebenso der Leistungsdruck, der gerade im beruflichen Umfeld hinter dem Veränderungswunsch steht.

Ich gebe von Fall zu Fall meinen Klienten meine Handy-Nummer, allerdings mit dem Hinweis von sehr geringer Erreichbarkeit und viel Zeitnot. Das gibt dem Klienten einerseits die Sicherheit, mich in einer gewissen Erreichbarkeit zu wähnen, also einen gewissen „Haltegriff" zu haben, verhindert aber durch die genannten Einschränkungen den Missbrauch des zu schnellen Zugriffes. Das fördert die Selbständigkeit.

Die „Hausaufgabe" stellt den Auftakt der nächsten Sitzung dar. Wir fragen den Klienten nach der Begrüßung, einer kurzen Wiederauffrischung der Arbeitsweise, wie es ihm mit seiner (selbst vorgenommenen) Hausaufgabe ergangen ist.

Dem *positiven Bericht* folgt der Berater mit aktivem Zuhören und anerkennendem Cheerleading. Die Beratungssitzung kann sofort anknüpfen und die nächsten Schritte und Hausaufgaben erarbeiten. Je positiver der Bericht, um so länger darf die zweite Sitzung dauern. Der Klient muss von sich und seinen Erfolgen berichten dürfen.

Dem *weniger positiven Erfolgsbericht* („Ich habe es versucht, aber es ging nicht") folgt der Berater ebenfalls mit aktivem Zuhören, es sollten sich bestätigende Laute (Ton geht etwas herunter) wie leicht fragende Laute (Ton wird schneller und geht nach oben) abwechseln. Der Berater stellt Fragen, ausschließlich so, dass der Klient sofort wieder in die Lösungsorientierung einsteigt: „Als Sie den Versuch gemacht haben, wie ging es Ihnen dabei? Welchen Schluss ziehen Sie daraus, dass Sie diesen Lösungsansatz nicht verfolgen konnten? Kam Ihnen bei dem Versuch die Idee, es doch noch anders zu machen oder in Teilschritten? Sind Sie nicht auch stolz auf sich, bereits Ansätze ausprobiert zu haben?" Der Klient ist in Arbeit mit sich und wird in den meisten Fällen bereitwillig einsteigen und weiterarbeiten. In dieser Sitzung sollte in erster Linie an den Bedenken gearbeitet, der Klient gut organisiert und die Hausaufgaben mit ihren Teilschritten klar und umsetzbar formuliert werden. Die Sitzung sollte in der Berichtsphase nicht zu ausführlich gestaltet werden und den Schwerpunkt auf die Arbeitsatmosphäre legen.

Bei einem *negativen Bericht* muss sich der Berater sehr auf seine Mimik und Körpersprache konzentrieren. Sein nonverbales Verhalten verrät sehr schnell, wenn er Erfolglosigkeit als persönliches Versagen empfindet, verärgert ist und die Argumente nicht nachempfinden kann oder wenn er am Klienten zweifelt. Aktives Zuhören ohne bewertende Körpersprache, Mimik oder Laute ist schwer und sollte geübt und kultiviert werden. Auch hier ist der Bericht nicht zu ausführlich zu gestalten und gleich mit der Lösung zuführenden Fragen zu begleiten. Selbst wenn der Klient zugibt, dass er es noch nicht einmal versucht hat, gar nicht begonnen hat mit seinen „Hausaufgaben", ist keine Bewertung anzusetzen. Die Frage: „Mögen Sie mir erklären, warum Sie nicht begonnen haben?", wird viel mehr erreichen. *Geduld des Beraters ist oberstes Gesetz der Lösungsorientierung.*

Doch auch Gesetze haben Grenzen: Ich hatte in meiner Praxis einen solchen Fall. Die Klientin (eine Frau in hoher Führungsposition mit vierköpfiger Familie) hatte auch in der dritten Sitzung eine erneute kreative Erklärung dafür, warum es ihr nicht möglich gewesen war, mit auch nur einem Teilschritt der Hausaufgabe zu beginnen. Sie betonte jedoch, dass sie die erarbeitete Lösung nach wie vor für richtig halte. Ich habe ihr sehr ruhig gesagt: „Ich habe volles Verständnis dafür, dass Sie ihre persönlichen Prioritäten setzen. Wir verabreden die nächste Sitzung dann, wenn Sie Zeit und Ruhe gefunden haben, erste Teilschritte zu gehen und zu bewegen. Ich freue mich, wenn Sie mir dann Ihre Terminwünsche auf den Anrufbeantworter sprechen. Vorher kann ich nichts für Sie tun." Es dauerte noch keine zwei Wochen und der Anruf kam mit dem Hinweis: „Ich muss manchmal angeschoben werden, um an mich selbst zu denken."

Supervision, Coaching und lösungsorientierte Kurzberatung dürfen nicht zur „Plauderstunde" entarten. Der Berater verliert seine gesunde und notwendige Autorität und der Klient wird, da er zwangsläufig ohne Erfolge nach Hause geht, den Berater später dafür (mit Recht) verantwortlich machen.

Fallbeispiel

Folgendes Praxisbeispiel zeigt, wie ein Kurzberatungsgespräch, in diesem Fall eine einmalige Beratungssitzung, ablaufen könnte:

In einem Unternehmen wird das Arbeitsinstrument Zielvereinbarung installiert. Ich habe den Führungskräften im Vorbereitungsseminar diverse Gesprächstechniken gezeigt, u. a. die der offenen Fragen, um gerade am Anfang möglichst viele Informationen über die Mitarbeiter zu erhalten. Eine Führungskraft, nennen wir ihn Herrn Berg, kommt immer wieder zu schnell dahin, den Mitarbeitern Dinge vorzuschreiben, Thesen aufzustellen und zu behaupten: „Den Punkt hätten wir nun abgehandelt." Herr Berg sieht sehr wohl, warum seine Mitarbeiter nicht zufrieden sind und er weiß auch, er hat die wahren Bedürfnisse, Ziele und Motivationen nicht genügend hinterfragt. Herr Berg kommt zu mir in die Beratung und berichtet: „Ich sehe, so komme ich mit keinem meiner Mitarbeiter weiter, ich werde abgelehnt, es wird bereits hinter meinem Rücken getuschelt und die Motivation meines Teams sinkt. Ich spüre, dass sie nicht willens sind."

Schritt 1
Ich erarbeite mit Herrn Berg, die eigene Verantwortung für das Misslingen der Mitarbeitergespräche zu übernehmen. Nicht die Mitarbeiter sind „sperrig", sondern bei ihm liegen

die Barrieren. Ich frage ihn, wie seine Kollegen in ihren Mitarbeitergesprächen verfahren. Er erklärt mir, dass sich diese mehr Zeit mit den Mitarbeitern lassen, viel mehr fragen, auch keinerlei Scheu haben zu fragen und sehr wahrscheinlich hätten sie dadurch auch bessere Ergebnisse. Meine sofortige Frage lautet: „Die Kollegen haben also keine Scheu zu fragen? Haben Sie eventuell Scheu zu fragen?" Und prompt kommt seine Antwort: „Ich habe als Führungskraft das Gefühl der Peinlichkeit, wenn ich zuviel frage; man fragt doch seine Mitarbeiter nicht aus. Aber vielleicht ist das auch nur mein Gefühl. Und wenn ich zu sehr auf die Leute eingehe, dann überlegen die oft so lange, dabei liegt doch eine Antwort auf der Hand. Und in dem Gesprächsloch fühle ich dann den Zugzwang, etwas „anzuordnen".

Schritt 2
Der nächste Schritt ist nun, das Ganze zu entdramatisieren. Ich frage Herrn Berg anhand seines eigenen, persönlichen Zielvereinbarungsgespräches mit seinem Vorgesetzten, wie schlimm das für ihn ist, wenn sein Chef mehr ihm zuhört, als dass er selbst spricht und sich ab und zu ein Gesprächsloch einstellt. Er denkt lange nach und stellt dann fest: „Das empfinde ich gar nicht als schlimm. Ich brauche manchmal einen Augenblick, um mir über meine Bedürfnisse klar zu werden, Ziele zu formulieren, Wege zu beschreiben und innere Bilder abzurufen."
Wir schmunzeln beide, denn die Lösung liegt auf der Hand.

Schritt 3
Herr Berg hat die zweierlei Maßstäbe, die er im Kopf hat, die Ungeduld gegenüber seinen Mitarbeitern, seine Befürchtungen etc. erkannt. Wir gehen daran, die Glaubenssätze herauszufiltern, und suchen nach den Ursprüngen. Sein strenger Vater hatte ihm als Kind oft vorgeworfen, er würde ihm noch „Löcher" in den Bauch fragen und das in aller Öffentlichkeit, das sei ungehörig und peinlich. Kinder stünden unter den Erwachsenen und Untergebene dürfen nur reden, wenn sie auch

etwas zu sagen haben. In der Schule wurde er übergangen, da er sich nie zu fragen getraute. Ein ihm wohl gesonnener Lehrer sah ihm die Antworten, die er schon parat hatte, an der Nasenspitze an und förderte ihn. Daraus resultierend hatte er sich zum Schnelldenker trainiert, der bei einer ihn fördernden Person hervorragend reagierte und nach Vaters Muster Ungeduld für „langsame Untergebene" an den Tag legte. Er hielt die „Langsamkeit" nicht aus. Wir modellierten nun gemeinsam seine Glaubenssätze neu: „Ich halte ein Gesprächsloch auch bei anderen aus. Schweigen ist angenehm. Ich weiß, der andere sortiert seine Gedanken, um sie mir zu präsentieren, und ich habe auch Muße zu denken."

Schritt 4
Mit wenigen Fragen meinerseits gelenkt, erklärte mir Herr Berg bald sehr überzeugt: „Dass der Mitarbeiter viel redet, das soll ja auch so sein und ist auch gut. Ich muss ihn, seine Bedürfnisse und seine Situation möglichst genau kennen lernen. Welche Probleme hat er? Welche Sorgen welche Bedenken liegen bei ihm vor? Was will er erreichen? Wo steht er im Team? Wo will er sich weiterentwickeln und was will er von mir? Das ist alles für unser Gespräch und die zukünftige Zusammenarbeit wichtig."

Schritt 5
Nun war es an der Zeit, Herrn Berg zu loben. Ich gab ihm die Anerkennung in der Formulierung gleich so, dass wir damit den nächsten Schritt gehen konnten: „Es freut mich zu sehen, dass sie verstehen, dass Menschen, die Fragen stellen und anderen zuhören können, auf andere Menschen interessant, kompetent, glaubwürdig und sympathisch wirken."

Schritt 6
Herr Berg spiegelt die Freude an der neuen Inszenierung wieder. Ich weise ihn auf die Menge an Aussagen in Schritt 4 hin und frage ihn, ob das nicht bereits wie ein Fragenkatalog an den Mitarbeiter wirkt? Er hat gleich das Bedürfnis, die Fra-

gen erneut zu formulieren und niederzuschreiben. Er strahlt wirkliche Freude und Harmonie aus.

Es ist an der Zeit, Herrn Berg und mir eine Pause von ca. zehn Minuten zu gönnen. Ich lasse Herrn Berg mit dem Notieren seiner Fragen alleine. Ich gehe bewusst in den Nebenraum. Durch diesen räumlichen und zeitlichen Abstand kann ich als Berater unbeeinflusst nachdenken und nachspüren. Das fördert die Intuition des Beraters und erhöht die Qualität der Schlussintervention. (Bei einer kurzen Sitzung wie dieser genügt diese Pause für beide Beteiligten, während ich bei einer schwierigeren Problemstellung und einer „zäheren" Lösungsfindung sowohl Pausen als auch Entspannungen zwischen lege.)

Schritt 7
Herr Berg hat seine Fragen an seine Mitarbeiter notiert. Dies nehme ich zum Anlass, ihn zu fragen, wie er sich den Verlauf eines zukünftigen Gespräches nun vorstellen könne, was alles dafür wichtig wäre und bedacht werden müsse und womit er beginnen möchte. Herr Berg erklärt mir, dass er sich in jedem Fall auf jeden Mitarbeiter und jedes Einzelgespräch individuell vorbereiten will. Er will sich wie hier in der Beratung Fragen vor jedem Gespräch, zu jedem Mitarbeiter notieren. Er wird sich während des Gespräches Notizen machen, da auch dies ihn „verlangsamen" wird. Ich biete ihm an, ein erstes Gespräch mit mir zu führen. Das Gespräch verläuft gut. Er ist sehr zufrieden mit sich. Er erklärt sogar, dass er nun regelrecht neugierig auf seine Leute ist.

Ich bitte ihn zum Abschluss, sich nicht unter Erfolgsdruck zu setzen. Er muss üben-üben-üben. Das heißt, er wird im einen oder anderen Fall wieder in die alte Gewohnheit zurückfallen. Das ist aber kein Problem mehr, denn Ausrutscher werden ihm auffallen nach jedem Gespräch. Er wird alle Gespräche am Ende noch einmal geistig durchgehen und sich selbst Anerkennung bei Gelingen zollen. Bei den Momenten, wo es hätte besser laufen können, wird er im Nachhinein für sich selbst „verbessern". Je mehr das Handeln bewusst ist, desto seltener wird er in die alte Gewohnheitsfalle tappen. Er beschließt, gleich die ersten Gespräche mit Mitarbeitern anzuberaumen, denn er hat erkannt, je öfter er das neue Verhalten anwendet, desto schneller wird es sich als eine positive Gewohnheit etablieren.

Wir haben etwa zwei Stunden Zeit miteinander verbracht. Herr Berg verlässt mich mit einem neuen, selbst gewollten, von ihm als rational richtig erkannten Verhalten, das er gleich ohne viel Umstände anwenden kann.

Die Rollen von Berater und Klient

Das Drama-Dreieck

Mittels des Drama-Dreiecks aus der Transaktionsanalyse nach Eric Berne kann die Rolle des Klienten innerhalb seines beklagten Sachverhaltes, der entsprechenden Problemsituation klargemacht werden. Ebenso macht es dem Berater klar, wozu er sich gegebenenfalls hat verleiten lassen.

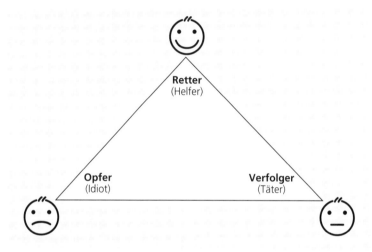

Abb. 11: Das Drama-Dreieck (nach Eric Berne)

Ein lösungsorientierter Kurzberater darf niemals zum Retter seines Klienten werden. Merkmale der Helferrolle sind u. a.: Ratschläge, Übernahme der Verantwortung, zu große Unterstützung, keine Arbeitsdisziplin, starkes Bedauern, Plaudersituation mit Eigenanteil.

Hat der Berater den Fehler begangen, dem Helfersyndrom zu erliegen, wird er sehr schnell das Opfer seines Klienten sein. („Jetzt habe ich Dich und Deine Verantwortung für mich.") Die Opferrolle wiederum wird vom Berater als unangenehm empfunden und als falsch und destruktiv für seine Arbeit erkannt. Der Effekt: Um der Opferrolle zu entkommen, verbleibt fast nur noch die Verfolgerrolle. („Lass das, ich wehre mich.") Nun ist die Beratersituation völlig verfahren, weil der Klient sich in der unverstandenen, vielleicht sogar bestraften Rolle des Opfers fühlt. Unter Umständen fühlt er sich nun bestätigt, eben ein armes Opfer – und das immer – zu sein.

Spürt ein Berater, dass er sich, was völlig menschlich ist, in die Helferrolle begeben hat oder dazu hat verführen lassen, sollte er sich in jedem Fall eine Auszeit gönnen, eine Pause einlegen. Entweder bekommt der Klient eine zu erledigende Aufgabe, die der Berater aus dem Hilfegesuch (auf das er hereingefallen ist) ableitet, oder irgend ein menschliches Bedürfnis sollte ihm einfallen.

Innerhalb der verfahrenen Situation einen Ausweg zu suchen, würde den Berater nur noch tiefer „hineinreiten". Einen solchen Ausrutscher sollten Berater weder kommentieren noch sich „verbitten". Die Situation zu überspielen ist das Beste.

Erinnern Sie sich an den anfänglichen Wunsch, an den Beweggrund Ihres Klienten, Sie aufzusuchen. „Der Berater macht mir das Problem weg, der löst mir das!" Wenn Sie nicht darauf achten, wird dieser Wunsch wieder wach, denn er schlummert in der ersten Sitzung nur (mitunter noch länger).

Zur Veranschaulichung: Stellen Sie sich das Drama-Dreieck so vor, als wären die Schenkel des Dreiecks mit Schmierseife bestrichen. Ein kluger Kurzberater wird sich in keine der drei Rollen begeben, sondern sich in die Mitte des Geschehens stellen und die drei Rollen des Klienten wie ein Dompteur beobachten und leiten. Oder er wird sich je nach Stand des Berichtes und der Sitzungsarbeit außerhalb des Dreiecks stellen und nur den Ablauf des Geschehens beobachten, welche Rolle, welcher Beteiligte wann und wie spielt.

Das Drama-Dreieck erkläre ich auch meinen Klienten. Ich zeichne es ihnen auf und frage sie, in welcher Rolle sie sich jetzt gerade befinden. Ich zeige ihnen auch anhand der Rollen, welche Fehlinterpretationen sie über sich selbst oder über die anderen, am beklagten Sachverhalt beteiligten Personen haben. Ein wichtiger Aspekt ist dabei, wie doppelsinnig die Rollen sind und was das in der Sichtweise bewirken kann.

Die Rollen und die Doppelsinnigkeit dahinter:

ERIC BERNE gibt allen drei Rollen noch einen weiteren Namen, die die zweite Bedeutung klar beschreiben:

Das Opfer = Der Idiot
Der Retter = Der Helfer oder Held
Der Verfolger = Der Täter oder Angreifer

Opfer (Idiot)

– Die Grundposition des Opfers ist: Ich bin hilflos, du bist besser als ich.
– Es gibt *echte Opfer* und *vermeintliche Opfer*: Das echte Opfer ist meist unschuldig an seiner Rolle und tut sich schwer, ohne Hilfe der anderen Beteiligten aus der Rolle herauszufinden, wird sich aber bemühen. Das vermeintliche Opfer spielt die Rolle und verharrt darin. Die Position ist: „Aus mir wird ja doch nie etwas." Vermeintliche Opfer nehmen keine Hilfe an, denn sie wollen die anderen die „Schuld" spüren lassen, mit dem Ziel, den Kontakt (Nutzen) aufrechtzuerhalten. Klassische Aussagen vermeintlicher Opfer sind: „Das kapiere ich nie!", „Ich bin völlig überlastet", „Warum passiert so etwas immer nur mir?", „Ich bin anscheinend zu dumm."

Also muss der Berater darauf achten, ob die vom Klienten dargebotene Opferrolle eine tatsächliche ist, oder eine vermeintliche. Im ersten Fall leitet er den Klienten in seinem (und wenn auch noch so kleinen) Veränderungswunsch und unterstützt ihn mit Überlegungen, Strategieentwicklungen und vielen entlastenden Berichten. Das vermeintliche Opfer ist erst einmal davon zu überzeugen, dass es nicht das arme ausgelieferte Geschöpf ist, sondern einen hohen Selbstanteil an der Rolle und der Situation hat. Dies geschieht durch alle (wertfreien) Fragetechniken der lösungsorientierten Kurzberatung (s. Kap. 6). Wichtig ist es bei dieser Opferrolle, dass der Klient sich angenommen und ernst genommen fühlt. Spürt er auch nur im geringsten, dass der Berater ihm seine Rolle nicht abnimmt, wird er ins Jammern verfallen, nach dem Motto: „Wieder einer, der mich nicht versteht – wie immer!" (elegant verkleidetes Schuldprinzip der Verfolgerrolle)

Retter (Held)

– Mitunter bieten Retter Hilfe an, um die eigene Position zu stärken, eben als Helden im Rampenlicht zu stehen.
– Sein Handlungsziel: Entweder will er zeigen, dass er weiß, was für andere gut ist (schafft Macht für sich und Abhängigkeit für den anderen), dann tritt er nur in der Maske des Retters auf. Oder er bietet Hilfe an, um zu zeigen, dass es ohne ihn nicht geht, er ist wichtig und unersetzlich, wird immer in alles eingebunden und weiß stets genau Bescheid (Unabkömmlichkeit und Wichtigkeit).
– Seine klassischen Aussagen sind Sätze wie: „Ich will ja nur dein Bestes!"; „Lassen Sie mich das für Sie machen", „Ich helfe doch gerne"; Versuchen Sie es doch einmal so"; „Darf ich mal ..." Wird er abgelehnt, ihm sein Hilfeangebot verweigert, ist er schnell beleidigt (schlüpft in die vermeintliche Opferrolle) und sagt: „Ich wollte ja nur helfen." (Schuldprinzip)

Der Berater setzt beim Retter am besten bei der vermeintlichen Opferrolle an, denn die wird in den meisten Fällen als beklagter Sachverhalt zuerst beschrieben. Mit geschickten Fragen ist der Klient in der Rolle dahin zu lenken, dass er der eigentliche Urheber seiner Lage ist, und es recht einfach hat, etwas zu verändern. Im Gegensatz zu anderen Rollen muss der Klient in der Retterrolle nur etwas weglassen, nämlich das ungebetene Helfen/Retten.

Ferner ist es die Aufgabe des Beraters, den Klienten sehen zu lernen, dass er kein so gütiger uneigennütziger Retter ist, wie er meint, sondern ein Mensch, der andere Menschen besitzen und beherrschen will, und dass die ablehnende Reaktion der Mitmenschen vorprogrammiert ist.

Verfolger (Täter/Angreifer)

– Seine Grundposition ist: „Ich bin besser als der andere!"
– Er macht ständig Vorschriften, arbeitet fast immer nach dem Schuldprinzip, verurteilt, richtet, lässt nur seine Meinung gelten und setzt den anderen Menschen zu. Er ist oft unbelehrbar, redet und diktiert ungefragt, hebt zur Unterstreichung seiner Besserwisserei gerne den Zeigefinger und gefällt sich in der Schulmeisterrolle.
– Seine typischen Aussagen sind: „Meines ist besser als deines"; „Sicher können wir Ihren Vorschlag versuchen, aber ..." Nach dem Schuldprinzip operiert er: „Schau nur, was Du wieder angerichtet hast." Er ist ganz in seinem Element, wenn etwas schief gegangen ist: „Sie haben ja nicht hören wollen"; „Habe ich es nicht gleich gesagt?"
– Verfolger halten sich mitunter für Retter, denn sie glauben, dass sie es doch gut meinen, und fühlen sich grenzenlos unverstanden.

Die Aufgabe des Beraters ist es, nun behutsam vorzugehen, um dem Klienten den Spiegel vorzuhalten. „Pacen" ist hier eine gute Methode. Verfolger haben wenig Gespür für andere Menschen, sind aber meist selbst sehr sensibel. Gelingt es dem Berater, den Klienten spüren zu lassen, wie sich dieser erhobene Zeigefinger, auch verbal, anfühlt, wird er Zugang zum Klienten finden. In der harten Schale des Verfolgers steckt oft ein verletzter, oder selbst fehlgeleiteter Mensch, oder auch ein Mensch, der – förmlich präventiv – so agiert, um sich Verletzungen und Enttäuschungen zu ersparen.

Das Drama-Dreieck ist ein einfaches, logisches und schnell nachzuvollziehendes Modell. Man kann mittels des Drama-Dreiecks zeigen, wie z. B. ein Opfer zum Verfolger oder ein Retter zum Opfer wird. Das Drama-Dreieck kann auch Rollenveränderungen in Beziehungen deutlich machen.

Kein Mensch wird es schaffen, sich völlig aus diesen Rollen herauszunehmen. Es ist sogar wichtig für unser menschliches Zusammenleben, alle Rollen ein wenig zu leben. Jeder muss für sich selbst das Maß lernen, wie viel von einer Rolle er leben mag und kann – aushält. Auch die Klienten müssen lernen, sich in die Mitte des Geschehens zu stellen und die jeweiligen Rollen zu beobachten, d. h. sich in Aktion und den/die anderen in Reaktion. Der unangenehme Wechsel in die nächste Rolle, für den anderen oft völlig unvorbereitet und unverständlich, wird immer erst dann erfolgen, wenn wir nicht auf uns geachtet haben und uns die Rolle bedrückt, gestört oder geärgert hat.

Beispiel:
Ein wissenschaftliches Projektteam steht unter Erfolgs- und Zeitdruck. In der Halbzeit wird ein neuer Mitarbeiter mit hohem Know-how eingestellt. In der Vorstellungsrunde zeigen sich alle von der Person und dem Wissenstand begeistert. Bei den ersten Arbeitsschritten stellt sich heraus, dass der neue Kollege bisher mit anderen PC-Programmen gearbeitet hat. Weil der Kollege top und nett ist, zeigen sich alle bereit, ihn einzuweisen und Rücksicht zu nehmen. Sie sind begeisterte Ret-

ter. Der Kollege gibt gute fachliche Beiträge, lässt sich bei der Einarbeitung gewissenhaft Zeit und Ruhe. Damit drückt er erheblich das geplante Zeitmaß. Nach etwa zwei Wochen wird dem Team klar, dass das Projekt zeitlich in Gefahr ist. Selbst Aussagen von einigen Kollegen, dass der gestörte Zeitrahmen nicht nur durch den neuen Kollegen entstanden sei, werden nicht mehr gehört. Beim neuen Kollegen bleibt die Hilfe aus, er wird links liegen gelassen, gibt er fachliche Beiträge, wird er angeraunzt: „Dann setzen Sie das auch selbst um, bloßes Gerede hält uns nur auf." Bei einem Krisenmeeting mit den Auftraggebern und Führungskräften geht das Team vollends in die Verfolgerrolle über und bezichtigt den Kollegen des Unvermögens und der förmlichen Störung im Projekt. Der Kollege ist in die Opferrolle gerutscht. Er ist sich aber keiner Schuld bewusst, geht sofort aus der kurzfristigen Opferrolle heraus und schießt zurück als Verfolger und zählt die Fehler der Kollegen auf. Nun stehen sich Verfolger gegenüber und wir haben einen klassischen Konflikt, der arbeitsunfähig macht.

Wenigstens eine Partei muss in die Mitte gehen und rekapitulieren, wie der Verlauf der verschiedenen Rollentäusche vonstatten gegangen ist und neutral und sachlich die verfahrene Situation wieder auf lösungsorientierte Gleise setzen.

Die Rollen und Funktionen des Beraters

So wie der lösungsorientierte Kurzberater die verschiedenen Instrumente und Ansätze verinnerlichen sollte, ist es wichtig und nutzbringend, die verschiedenen Rollen und Funktionen, die einsetzbar sind, als Register und Möglichkeiten zu erproben und sich damit auseinanderzusetzen.

Gesprächsförderer
   ermöglicht Gesprächssituationen;
   ermöglicht Wohlbefinden;
   ermöglicht Kennenlernen;
   ermöglicht Austausch;
   motiviert, weckt Interesse

Einfühlender
   stimmt sich ein auf die Situation und den
   gefühlsmäßigen Zustand des Klienten;
   kennt den Einsatz von nonverbaler Sprache und
   versteht sich auf nonverbale Signale des Klienten;
   gibt Rückmeldung (spiegelt)

Intuitiver Pfadfinder
   vermutet, „was" er sucht;
   ist ein schneller Beobachter;
   gibt wichtige Hinweise;
   kann gewisse Vor-Diagnosen aufgrund von
   wenigen Informationen machen

Vermittler/Verhandler
   weiß, was er dem Klienten anbieten kann;
   kann Bedürfnisse des Klienten formulieren helfen;
   erarbeitet einen gegenseitigen Vertrag;
   achtet auf die Einhaltung des Vertrages,
   bearbeitet mit dem Klienten die Nichteinhaltung

Politiker
   kennt seine Einflussmöglichkeiten;
   kann vorsichtig mit Informationen umgehen;
   pflegt Vertraulichkeit

Technischer Experte
   verfügt über Erfahrung und Informationen
   zu Lösungen (von Problemen)

(Problem)-Löser
  kennt die Unsicherheit und die Grenzen seiner
  Expertise (Begutachtung) und macht dies deutlich

Lehrer
  leitet den Klienten an, Fähigkeiten oder Wissen
  eigenständig einzusetzen

Datensammler/Interviewer/Beobachter
  sammelt systematisch Daten und versucht (durch
  Fragetechniken), diese auf eine vorgegebene, vom
  Klienten berichtete Problemsituation zu beziehen

Diagnostiker
  kann gesammelte Informationen einsetzen und
  zur Erhellung des Problems verständlich machen;
  macht die Diagnose gemeinsam mit dem Klienten;
  präsentiert das Problem auf einem größeren
  Hintergrund;
  macht Zusammenhänge verständlich

Ermöglicher von Arbeitsprozessen
  versteht die Dynamik des Umgangs der Leute
  miteinander;
  kann Verhalten beobachten oder darauf hinweisen,
  was für die Gruppe/den Einzelnen förderlich oder
  hinderlich ist;
  kann Prozesse und Strukturen einbringen, die gute
  Zusammenarbeiten fördern

Ausarbeiter von Vorschlägen
  kombiniert eine Anzahl von guten Ideen zu vom
  Klienten formulierten Vorschlägen und Aktions-
  plänen

Dosierer
: gibt acht auf Gefühle von Sorge und Bedrohung;
kann Hinweise/Furcht erfassen und ansprechen,
bevor der andere defensiv wird

Unterstützer
: erkennt das Bedürfnis nach Wertschätzung an und
gibt Lob und Anerkennung;
kann ehrlich die Ideen des Klienten unterstützen;
kann Toleranz aufbauen, die nicht auf Gewinner-
Verlierer-Situation hinausläuft

Konfrontierer
: kann Unausgesprochenes, „Spiele" und wichtige
Themen, die bewusst vermieden werden, ansprechen;
kann Verantwortlichkeiten/Eigenverantwortung
des Klienten ansprechen

Nicht jede der beschriebenen Rollen passt zu jedem Berater und ebenso nicht zu jedem Klienten und seiner Situation. Lösungsorientierte Berater bedürfen einer guten Selbsteinschätzung und Selbstwahrnehmung, um die Rollen für sich selbst zu finden, in denen sie authentisch und weiterbringend für den Klienten sind. In einer fundierten Ausbildung zum lösungsorientierten Berater sollte in vielen Gesprächssituationen mit anschließendem Feedback geübt werden, wann der Berater die jeweils richtigen, für ihn stimmigen „Register" gezogen hat.

8 Aspekte der Einzelberatung

Von der Vision zur Aktion

In Visionen sind die Werte des Klienten und seine Leitbilder enthalten. Mit Visionen entwickeln wir Lebensziele.

Um von der Vision zur Aktion zu kommen, ist es ratsam, die Vision in alle Richtungen beleuchten. Erst wenn das Bild komplett „gemalt" ist, können Kurzberater und Klient daraus Strategien ableiten. In den Strategien setzen wir die Schlüsselaufgaben oder Prioritäten fest, die wir dann in Teilaufgaben zergliedern.

Während Kurzberatungen, Coachings und Seminaren erkenne ich immer wieder, dass viele Menschen gelebt werden. Sie geben sich dem hin, was da „so" im Laufe des Tages auf sie zukommt. Ich frage mitunter: „Wo sehen Sie sich in zwei, drei Jahren? Was tun Sie heute schon für das Ziel in zwei Jahren?" Recht selten bekomme ich eine selbstbewusste Antwort (im Sinne von „sich seiner selbst bewusst sein"). Zumeist erhalte ich Erklärungen wie: „Da sind Träume und Wünsche, aber in der schnelllebigen Zeit ...? Da hilft Planen für mich selbst ja doch nichts, das wirft man (wer auch immer „man" ist?) mir doch wieder um."

Managementtrainings beinhalten Zeit- und Zielstrategien für den Arbeitsplatz, die Tätigkeit. Die Zielvereinbarungsphilosophien berücksichtigen zumeist (ausschließlich) die Belange des Unternehmens. In den wenigsten Fällen wird die persönliche Weiterentwicklung auf die Person bezogen, sondern mehr auf die Funktion oder Position, die eine Führungskraft, ein Mitarbeiter im Unternehmen hat. Auch wenn alles perfekt durchgeplant ist und der Mensch strategisch und visionär wirkt und geschäftlich auch entsprechend agiert: an sich selbst und die eigene Planung und Lebensplanung denken die wenigsten. Ein Sprichwort sagt: Nur wer nicht weiß, wohin er will, wird ganz woanders ankommen.

Männer und Frauen, die mit viel Energie, Power und Selbstdisziplin Führungspositionen innehaben und die mit hoher Motivation für ihr Unternehmen auftreten, schaffen es oft nicht, die gleiche Kraft für sich selbst an den Tag zu legen. Die geringe Selbstmotivation zeigt sich auch in der Sprache, in der das „man" und das „wir" dominieren. Das Wort „ich" wird sehr selten gesagt. Die Menschen sind in Eile, haben keine Zeit und rennen förmlich an sich selbst vorbei.

Dabei ist die einzige Gerechtigkeit auf dieser Erde die Zeit! Jeder Mensch auf diesem Planeten hat die gleiche Zeit: jeden Tag 24 Stunden.

In der lösungsorientierten Kurzberatung arbeite ich mit meinen Klienten synchron zur Lösungsbearbeitung an deren persönlicher Lebensvision. Ein eigenes Leitbild hilft ihnen, Sinn und Richtung ihres Lebens näher festzulegen. Diese persönliche Entwicklungsarbeit unterstützt die Klienten in ihrer Veränderungsarbeit. Die Vision und die Lebensplanung führen den Menschen zu sich, die Zukunft erhält einen roten Faden. Das Leitbild bildet einen Rahmen um die neuen Strategien. Eine Logik entsteht: Wenn ich die und die Teilschritte gehe, komme ich zum ersten Ziel, das mich meinen Wünschen, Visionen und damit meiner Lebensplanung nahe bringt.

In den Berichten der beklagten Sachverhalte beschreiben sich Klienten oft in den verschiedensten Rollen und als auf der Strecke bleibend. Die Aufgabe des Beraters ist es, in der Schlussintervention einer jeden Beratungssitzung die zu lebenden Rollen und eine machbare Hausaufgabe mit dem Klienten zu besprechen.

Dies ist der erste Schritt von der Vision zur Aktion. Es wäre unsinnig und zuviel verlangt, wenn ein Klient, der noch vor etwa zwei Stunden mit einem (unlösbaren) Problem vor dem Berater stand, nun sofort und perfekt an die Umsetzung der neuen Strategien, und das auch noch allein, gehen sollte.

Hausaufgaben sind nur sinnvoll, wenn sie mit dem Klienten gemeinsam organisiert und in Teilaufgaben besprochen sind. Dazu gehören folgende Regeln:

1. Die persönliche Lebensvision, das Lebensziel soll komplett ausgesprochen werden, auch mit Dingen, die sich der Klient bisher noch nicht getraut (zugetraut) hat. Auch in diesem Fall hat es sich bewährt, die eigenen Gedanken zu Papier zu bringen. Durch das Niederschreiben kann der Berater dem Klienten zeigen, dass sich Gedanken entwickeln und wachsen. Er kann den Klienten daran heranführen, dass er über sich selbst entscheiden kann und Teilschritte ohne weiteres verändern kann.

2. Der Klient muss sich gegenüber ehrlich sein und einmal seine Zufriedenheit näher ansehen. Der Berater darf es nicht zulassen, dass der Klient von seiner Unzufriedenheit spricht! Betrifft der in der Beratung beklagte Sachverhalt den Arbeitsbereich: Wie sieht dann die Zufriedenheit im Privatleben aus? Sind die Probleme mehr im Privaten zu sehen: Wie steht es dann mit der Zufriedenheit am Arbeitsplatz? Veränderung ist oft behindert durch ein gesamtes Negativbild. Ebenso entsteht manches Negativbild in dem einen Lebensbereich durch Projektionen aus dem anderen Lebensbereich.

3. Der Klient darf nicht in der Euphorie der ersten Befreiungsgefühle durch erkannte Lösungsmöglichkeiten zu viel von sich und seinen Mitmenschen verlangen. Der Berater muss ihn auf die Beteiligten aufmerksam machen, die auch ihre Zeit benötigen, um sich auf die Veränderung des Klienten einzustellen. Der Berater weist auf mögliche Unwegsamkeiten durch äußere Umstände, andere Beteiligte hin, sowie auf durchaus zu erwartende Rückschläge. Bei ängstlichen oder zögerlichen Klienten ist es angebracht, mögliche Rückschläge oder Hindernisse im Vorfeld zu beleuchten und gegebenenfalls Strategien zu entwickeln,

oder Alternativen zu erarbeiten. Bei besonders strategisch und organisiert arbeitenden Klienten am Arbeitsplatz regt der Berater an, die Aktivitäten der Veränderung in die eigene Zeitplanung mit hoher Prioritätensetzung aufzunehmen.

4. Zeitdruck unterstützt Lebensplanung und Veränderung nicht. Allerdings besteht auch die Gefahr, Aktionen auf die lange Bank zu schieben. Der Klient sollte daher vom Kurzberater angeleitet werden, sich und diese Veränderungen wichtig zu nehmen und sie in lebbare Portionen zu verpacken. Unterstützend bei der Erarbeitung von der Vision zur Aktion ist die Kreativitätsarbeit mit der Disney-Strategie.

Man kann dem Leben nicht mehr Tage geben,
aber den Tagen mehr Leben.

Ausflug in die Individualpsychologie
(A. ADLER)

Aufgrund der Anschauung von einer Einheit der Persönlichkeit hat ALFRED ADLER seiner Schule den Namen Individualpsychologie gegeben: „in-dividuum" = unteilbar.

Das Individuum ist eine leiblich-seelische-geistige Einheit. Der zentrale Begriff der Adlerschen Psychologie ist das „Gemeinschaftsgefühl". Der Begriff stellt mehr als nur Mitmenschlichkeit dar. Bereits im Zusammenspiel zwischen Mutter und Kind entwickelt sich im ersten Lebensjahr ein gesunder Keim für ein Gemeinschaftsgefühl.

– *Sachlichkeit.* Nur der gemeinsame Mensch kann relativ losgelöst von seinen eigenen Interessen, Dinge und Situationen in ihrem Eigenwert schätzen.

- *Logik im Denken.* Wer unangenehme Dinge zur Kenntnis nehmen will, braucht Mut und die Fähigkeit, seine Schlussfolgerungen möglichst ohne Denkfehler zu Ende zu führen. Bei Furcht wird die objektive Wahrheit nicht anerkannt, sondern verleugnet.

- *Bereitschaft zur Leistung.* Die Fähigkeit, sich in der Arbeit und der Gemeinschaft zu engagieren, ist auch ein Aus-sich-Herausgehen. Das tut nur der Mensch, der an sich und seine Fähigkeiten glaubt und bereit ist, etwas zu leisten.

- *Bereitschaft zur Verantwortung.* Der Mensch muss lernen, für sein Tun, seine Vorstellung, sein Denken und Empfinden die Verantwortung zu übernehmen und die Tatsache anzuerkennen, dass alles, was in ihm ist, mit allen Voraussetzungen und Folgen sein eigenes Werk ist, nicht das Machwerk anderer, des Schicksals oder Gottes.

Wenn ein Kind bewusst erlebnisfähig wird, kann es zwischen sich und der Außenwelt unterscheiden. Es entdeckt sein Ich, es wird sich eigener Gefühle und Bestrebungen bewusst. Es lernt eigene Pläne zu machen und seinen Willen dem der Umwelt entgegen zu setzen, sich durchzusetzen. In dieser Phase kann es, da es oft eigensinnig an seinem Willen festhält, mit seiner Umwelt in Konflikte geraten. Die Einstellung und Haltung der Eltern wird als Ablehnung und mangelnde emotionale Wärme vom Kind erlebt. Es entsteht beim Kind das Erlebnis der eigenen Hilflosigkeit und Unterlegenheit, des Ausgeliefertseins. Hier liegt der Ansatzpunkt zur Ausbildung von Gefühlen der Minderwertigkeit. Ein ebenso großer Fehler der Erzieher liegt in einer völligen Nachgiebigkeit und Verwöhnung. Um all seine Wünsche und Absichten zu bekommen, braucht ein übermäßig nachgiebig behandeltes Kind seine Eltern (später entsprechende Ersatzfiguren, wie z. B. auch den Berater).

Aus den drei Erlebnisgruppen:

– dem Gefühl der Hilflosigkeit
– dem Gefühl der Unterlegenheit
– dem Gefühl der Abhängigkeit (von Elternfiguren)

setzt sich das Grundphänomen der Minderwertigkeit zusammen.

Aus diesem Gefühl des Unten-Seins erwachsen Bestrebungen nach „oben". Das Minderwertigkeitsgefühl wird kompensiert, um ein Persönlichkeitsgefühl zu kompensieren. Erlebte Gefühle der Minderwertigkeit drängen nach Überwindung und Kompensation. Das Individuum, dem dieses Gefühl nicht bewusst ist, strebt nach Sicherung und Sicherung des Selbstwertgefühles. Der hohe Preis, den wir für unsere Minderwertigkeitsgefühle zahlen, beschränkt sich nicht immer auf unerfreuliche Resultate wie allgemeine Anspannung und Angst, Ungewissheit und Unsicherheit.

Man spricht von einem Komplex, wenn ein Mensch auf eine lähmende Situation, die echt oder auch eingebildet sein kann, in fatalistischer Weise reagiert und keinen Versuch unternimmt, diese zu verändern oder zu verbessern. Bei einem Minderwertigkeitskomplex erlebt und fühlt sich die Person unzulänglich, unfähig zum Handeln. Sie zweifelt stark an ihrem Selbstwert und ist entmutigt. Ein entmutigter Mensch kann eine wirkliche oder fingierte Unzulänglichkeit zum Zwecke eines besonderen Alibis für Nichtteilnahme und Rückzug einsetzen oder als Mittel, um besondere Dienstleistungen oder Rücksichtsmaßnahmen eingeräumt zu bekommen.

Wenn der Minderwertigkeitskomplex keine Kompensation mehr erfährt, beginnt ein Streben nach Überlegenheit und Macht. Aus Unlustgefühlen erwächst unter Umständen eine Tendenz, nach Lust zu streben (Suchtgefahr). Furcht vor Erniedrigung hat unter Umständen als Ziel, einen Sieg zu erringen (Machtstreben). Gefühle der Unwissenheit, Ungewissheit und Desorientierung können ein Streben nach Wissen nach sich ziehen (Verlust der Bodenständigkeit und beruflicher Realität). Bei Entbehrungsgefühlen kann als Fernziel ein dauerndes Verlangen nach Reichtum gelten (Entfremdung von sozialen Bedürfnissen).

Aus dem in der frühen Kindheit entstandenen Gefühl der Unzulänglichkeit, entsteht ein Gefühl der Feindseligkeit gegenüber Elternfiguren (Eltern, Lehrer, Führungskräfte etc.). Bei ehemals überbehüteten Kindern finden wir als späteres „Arbeitsmittel": Einsatz von Zuwendungen oder Entzug von Liebesbeweisen. Gerade diese „Kinder" finden im Erwachsenenalter kein Maß und selten ein Zurück. Für sie gilt jede Partnerschaft als gescheitert, wenn es nicht nach ihren Maßstäben und Regularien geht. Meistens sind diese Regularien allerdings lebens- und weltfremd. Daraus resultierend wird sich wieder und wieder in Lügen, Verstrickungen, Behauptungen und Schuldzuweisungen für den oder die Partner ergangen. Diese Menschen geraten immer mehr in den Teufelskreis der Ablehnung der Wirklichkeit und der eigenen Fehler.

Erstaunlich ist, wie viel Energie darauf verwendet wird, dieses gesamte Bild der Umwelt, den direkt Betroffenen und vor allem sich selbst glaubhaft zu machen. Es entsteht in zunehmendem Maß eine Wesensveränderung. Die Menschen lavieren sich selbst in eine Sackgasse. Erst wenn sie sich der Ausweglosigkeit dieser Situation bewusst werden, sich selber etwas zutrauen und den Aufbruch wagen, können sie sich verändern.

Daher betone ich erneut, wie wichtig es ist, dass sich der lösungsorientierte Berater seiner Rollen bewusst ist und sich die Leitsätze (s. Kap. 12) immer wieder vor Augen hält. Vor allem darf er sich nicht verstricken lassen in die Spiele von:

- Macht
- Schuldzuweisung
- Schuldabweisung
- Jammer
- Verweigerung von Verantwortung
- Angsterklärungen
- Versagensängste
- Leistungsdruck und -verweigerung
- Herrschsucht
- Forderungen
- Liebesentzug
- Verdrehung der Positionen
- Verdrehung der Tatsachen
- Bewusste Lügen
- Wirklichkeitsverlust

ADLER sagt ferner, die vergleichbaren Beobachtungen der drei Erlebnisgruppen sind auch bei Menschen zu machen, die mit einem übersteigerten Ego, Selbstüberschätzung und extrem starkem Geltungsbedürfnis das reale Maß verloren haben. Wir finden hier den Angeber, der sich mit fremden Federn schmückt und sich dann herum dreht und diesem „Fremden" erklärt, die Sache sei nichts wert. Diese Menschen haben starke Versagensängste und sind Arbeiter ohne Plan, Sinn, Ziel und Zweck. Der Ausstieg gelingt nur über den kognitiven Weg.

Diesen Klienten verhilft der lösungsorientierte Kurzberater nur zu einer Veränderung und Besserung, wenn er ihm mittels des Drama-Dreiecks aufzeigt, welche Spiele der Klient spielt und welche oft fatale Wirkung sie auf die beteiligten Mitmenschen haben. Er gibt ihm damit die eigene Verantwortung zurück.

ADLERS Theorie können wir hervorragend in unsere Überlegungen als Kurzberater einbeziehen, wenn wir Klienten vor uns sehen mit folgenden Symptomen:

- Depressive Haltung
- Trauerhaltung
- Angst
- Nichtüberwindung der Auswegslosigkeit
- Burn-out Syndrom
- Workaholiker
- Gefahr der Fress- oder Alkoholsucht

Verantwortungsbewusste Kurzberater haben einen psychologischen Berater im Kollegenkreis (sofern sie keine eigene psychologische Ausbildung haben), bei dem sie sich ggf. beraten können, den sie einbeziehen können. Wenn der Klient tiefergehende therapeutische Unterstützung benötigt, sollten Sie ihn bei einer zu hohen Belastung an den Kollegen weiterleiten können. Ebenfalls benötigen Sie diesen Kollegen für die eigene Supervision. Es ist bei dieser speziellen Beratungsarbeit hilfreich, wenn dieser psychologische Berater ebenfalls nach der lösungsorientierten Methode denkt und arbeitet. Allerdings wird die Ausbildung in Deutschland, im Gegensatz zu den USA, noch nicht sehr intensiv angeboten.

Umgang mit Konflikten und Erwartungen

In dem folgenden Abschnitt fasse ich die wesentlichsten Gesprächstechniken des lösungsorientierten Kurzberaters zusammen. Die meisten Berater wissen um diese Arbeits- und Kommunikationstechniken, haben sie einmal in einem Seminar gelernt oder davon gelesen. Aber der Alltag hat sie verdrängt, abgeschliffen oder die Schnelllebigkeit hat bisher keinen Raum für Anwendung und Entschleunigung gelassen.

Der Erfolg einer Kurzberatung, der Arbeit mit Menschen und am Menschen, liegt im Wissen um die Philosophie der Lösungsorientierung ebenso wie im Grundwissen von Psychologie und Kommunikationstechniken.

1. Ein konfliktfreies Leben gibt es nicht!
2. Entscheidend ist der persönliche Umgang mit Konflikten.
3. Eigene Interessen sind gleichberechtigt mit den Interessen anderer.
4. Schauen Sie sich stets die Sichtweisen anderer an, lernen Sie sie kennen und ggf. sogar schätzen.

Diese vier Punkte müssen vom Kurzberater an den Klienten weitergegeben werden. Er gibt dem Klienten damit einerseits die eigene Verantwortung und andererseits signalisiert er ihm, dass es nichts Ungewöhnliches ist, Probleme zu haben. Ferner zeigt er auf, dass er als Berater keine Partei ergreifen wird und einen beklagten Sachverhalt immer ganzheitlich betrachten will und wird.

Konfliktanalyse

Ein Kurzberater muss sich der verschiedenen Konfliktursachen bewusst sein und diese beim Klienten und bei den beschriebenen Beteiligten in die Überlegungen einbeziehen. Konfliktursachen sind:

– Frustration
– Angst
– Bedrohung
– Stress
– Verteilungskämpfe
– Persönlichkeitsmerkmale
– Falsche Kommunikation
– Innere Disharmonie
– Einfluss aus einem anderen Lebensbereich

Nach dem Bericht des beklagten Sachverhaltes durch den Klienten ist es für den Kurzberater notwendig, durch Fragen die Konfliktursachen auf Seiten des Klienten als auch der anderen Beteiligten herauszufinden.

In der Konfliktanalyse müssen die unausgesprochenen Implikationen ans Tageslicht gebracht werden. Eigene Sichtweisen werden als solche erkannt und andere oder neue Sichtweisen werden zugelassen. Hierbei hat der Kurzberater die Aufgabe, den Klienten zu leiten. Dies geschieht wiederum durch Fragen, die den Klienten in Teilsequenzen den Lösungsansätzen entgegen führen und die Konfliktanalyse fördern:

– „Kann es sein, dass Sie die Dinge verkomplizieren?"
– „Könnten Sie die Dinge bitte beim Namen nennen?"
– „Was ist für Sie besonders wichtig?"
– „Wo verspüren Sie einen Druck von außen?" (Dringlichkeit)
– „Können Sie mir bitte diese(n) Begriff(e) definieren?"
– „Ist es möglich, dass Sie das präziser beschreiben?"
– „Können Sie den Sachverhalt in der Ich-Form berichten?"
– „Ich habe das Gefühl, wörtliche Rede bringt uns weiter, können Sie das so formulieren?"
– „Haben Sie darüber schon mit dem (den) Beteiligten gesprochen?"

Der Kurzberater gibt keine Ratschläge, aber er arbeitet auch nicht mit dem Klienten an einer Konfliktbewältigung. Das wäre entweder therapeutische Arbeit oder Aufgabe eines Mediators, die einen anderen Zweck erfüllen als die Kurzberatung. Der Kurzberater unterstützt den Klienten ausschließlich darin, „sich selbst zu erobern".

Lösungsansätze

Durch Fragen (s. Kap. 6) schauen wir uns mit dem Klienten gemeinsam an, aus welchen „Elementen" heraus er den beklagten Sachverhalt berichtet.

Sachliche Elemente vs. emotionale Elemente

Eine klare Trennung muss erfolgen. Oft sieht ein Klient nicht, dass er sachlich zu sein glaubt und emotional ist. Der Kurzberater hilft ihm zu trennen.

Konstruktive Elemente vs. destruktive Elemente

Diese notwendige Unterscheidung ist Voraussetzung, um weiter arbeiten zu können. Stark emotionale Klienten haben destruktive Ideen, die im Grunde Wünsche sind und aus einem momentanen Gefühl wie Wut oder Angst entstanden sind. Die Aufgabe des Kurzberaters ist es, die Wünsche als Wünsche bewusst zu machen, sie anzunehmen und gleichzeitig in konstruktive Bahnen zu leiten. Genauso haben manche Klienten sehr schnell eine konstruktive Arbeitsweise zur Hand, die aber nur in der Ratio erarbeitet wurde. Die Aufgabe des Kurzberaters ist es, auch die andere Gehirnhälfte, die Emotio davon zu überzeugen, dass der Weg richtig ist. Gefühl und Vernunft müssen bei Veränderungen im Einklang sein. Beide Gehirnhälften, die Ratio und die Emotio, müssen „wollen".

Eigenwahrnehmung vs. Fremdwahrnehmung

Unter Eigenwahrnehmung versteht man das Bild, das ein Mensch von sich selbst hat. Dieses Bild wird in der Kindheit erlernt und von den Erfahrungen des Lebens weiter geprägt. Wem oft gesagt wird, dass er gutaussehend und erfolgreich sei, macht dies zum Bestandteil seines Selbstbildes, unabhängig davon, ob dies in der Realität zutrifft oder nicht.

Neben der Akzeptanz oder Nicht-Akzeptanz durch die Eltern verfeinern spätere Erfahrungen in Schule, Beruf und Partnerschaften das eigene Bild. Aber auch situative Faktoren, wie z. B. die Tagesform und die physische und psychische Befindlichkeit eines Menschen zu einem bestimmten Zeitpunkt beeinflussen die Wahrnehmung der eigenen Person.

Unter Fremdwahrnehmung versteht man die Wahrnehmung anderer Personen in ihrer Erscheinung, mit ihren Eigenarten und ihren möglichen Erwartungen an uns. Da Wahrnehmung immer subjektiv ist, ist die Wahrnehmung anderer Menschen auch immer mit einer Beurteilung dieser Menschen verbunden. Das Aussehen des anderen, seine Sprache, seine Kleidung usw. rufen beim Wahrnehmenden ganz individuelle Gefühle, Erinnerungen und Erwartungen wach. Vorurteile, egal, ob positive Vorurteile („gutaussehende Menschen sind nett") oder negative Vorurteile („kleine Menschen haben Komplexe"), beeinflussen die Wahrnehmung anderer Menschen stark.

Für den Kurzberater ist es wichtig, sich diese verschiedenen Betrachtungsweisen bewusst zu machen. Es ist nicht seine Aufgabe, beim Klienten die unterschiedlichen Sichtweisen/Wahrnehmungen auf einen Nenner zu bringen. Eine Gleichheit ist ohnehin nie zu erreichen, Eigen- und Fremdwahrnehmung müssen nicht unbedingt identisch sein. Vielmehr sind sie so intensiv zu hinterfragen, bis die wesentlichen Aspekte übereinstimmen.

Unterstützende Fragen in diesem Zusammenhang sind:

- „Haben Sie sich einmal in die Lage des anderen versetzt?"
- „Können Sie sich in die Lage des anderen versetzen?"
- „Schließen Sie eventuell von Ihren Befürchtungen auf die Absichten des anderen?"
- „Kann es sein, dass Sie die andere Seite für Ihre Probleme verantwortlich machen?"
- „Haben Sie Ihr Wertesystem dem Wertesystem des anderen gegenübergestellt?"
- „Haben Sie die gegenseitige Wahrnehmung mit dem anderen einmal thematisiert?"

– „Steht für Sie die berichtete Fremdwahrnehmung des anderen von Ihnen fest (hat er dies geäußert?), oder beruht sie auf Ihren Vermutungen?"
– „Können Sie die Person(en) vom Problem trennen, das heißt, können Sie den beklagten Sachverhalt berichten, ohne die andere Person anzugreifen/zu beschuldigen?"
– „Haben Sie die Stress/Problem/Konflikt erzeugenden Umstände näher beleuchtet? Haben nur Sie den Stress etc., haben ihn auch andere, ist es vorübergehend oder dauernd?"
– „Spüren Sie besondere Verunsicherung bei dieser Person?"
– „Spüren Sie Parallelen zu anderen Personen?"

Der Kurzberater wird viel davon erfahren, was objektiv und was subjektiv in der Wahrnehmung des Klienten ist. Wichtig ist dabei, sich der unterschiedlichen Wahrnehmungstypen zu erinnern.

– „Können Sie die Körperhaltung, Gestik, Mimik, Stimme, Stimmlage und Sprechtechnik des anderen beschreiben?"
– „Wie ist dessen Ausdrucksweise und Verständlichkeit?"
– „Wie beschreiben Sie diese Punkte bei sich selbst?"

Diese Aussagen sind wieder in Bezug zu den verschiedenen Wahrnehmungstypen zu nehmen, denn weniger als zehn Prozent der Eindrücke, die wir Menschen von einem anderen erhalten, geschehen durch verbale Kommunikation. Sie sind aber auch mit den Grundbedürfnissen des Menschen, wie sie MASLOW mit seiner bekannten Bedürfnispyramide beschreibt, in Verbindung zu bringen.

Der Mensch will anerkannt sein und werden. Wir brauchen alle ein Zugehörigkeitsgefühl. Der Wunsch nach Sicherheit (innerlich wie äußerlich) ist stärker denn je geworden. In Ansehen stehen hat einen großen Stellenwert. Selbstbestimmung wünscht sich der Mensch privat wie beruflich.

Regeln der Gesprächsführung

Der Klient hat unterstützt und gefördert durch die Fragen des Kurzberaters seinen beklagten Sachverhalt berichtet. Für den Kurzberater gelten nun und im weiteren Verlauf der Beratungssitzung folgende Regeln:

- Antworten Sie erst, wenn Sie alles gehört haben.
- Fragen Sie erst, wenn Sie etwas nicht verstanden haben, etwas unklar ist.
- Hören Sie aktiv zu (verbal und nonverbal), bauen Sie positive Äußerungen ein und loben Sie Ihren Klienten.
- Teilen Sie Wahrnehmungen als Wahrnehmungen, Vermutungen als Vermutungen, Gefühle als Gefühle mit: „Ich habe bemerkt ..."; „Ich vermute ..."; „Ich empfinde das ..."
- Machen Sie Pausen, reflektierende Feststellungen, paraphrasieren Sie wichtige Informationen und setzen Sie Sprache und Körpersprache ein.
- Unterscheiden Sie zwischen der sachlichen und persönlichen Problembetrachtung.
- Bedenken Sie, jeder Mensch hat subjektiv hundertprozentig recht.
- Gehen Sie wertschätzend und respektvoll mit Ihrem Klienten um.
- Geben Sie Anregungen, vermeiden Sie Bewertungen und lassen Sie sich nicht zur „Hilfe" verleiten.
- Halten Sie das Ziel im Auge: Was will der Klient erreichen?
- Schweifen Sie nicht ab, sondern „arbeiten" Sie konkret und situationsbezogen (Gefahr der therapeutischen Analyse).
- Bleiben Sie mit den eigenen Gefühlen außen vor (Gefahr von Missverständnissen und Interpretationen).
- Versuchen Sie die beim Klienten bestehenden Gefühle zu verstehen. Ein Indianersprichwort sagt: Gehe ein paar Meilen in den Mokassins deines Gegenübers und du wirst seine Gangart verstehen."
- Sprechen Sie über diese Gefühle und zeigen Sie dem Klienten, dass sie legitim sind.

- Geben Sie emotionalen Klienten Gelegenheit, Dampf abzulassen, aber halten Sie Gefühlsausbrüche im Rahmen (Erhaltung der Arbeitsfähigkeit).
- Reagieren Sie weder beschwichtigend noch tröstend auf Gefühlsausbrüche, betrachten Sie sie als einen Teil des Berichtes.
- Machen Sie sich bewusst, dass die Kette der Beratungsarbeit bei den Gefühlen beginnt:
Gefühle – Sachverhalt – Konflikt/Problem – Lösungsweg

Erwartungen und Motivation des Klienten

Die Erwartungen des Klienten sind mit den Ansprüchen abzugleichen. Ferner sind Erwartungen (positive Wünsche) von Vorurteilen, Vorannahmen und Befürchtungen (negative Meinungen) zu trennen. Drittens ist zwischen Eigenerwartungen und Fremderwartungen zu unterscheiden.

Eigenerwartung
- Was erwarte ich von mir selbst?
- Was erwarte ich von meinen Mitarbeitern?
- Was erwarte ich von meinen Kollegen?
- Was erwarte ich von meinem Chef?

Die Frage: „Was erwarte ich von mir selbst?" wurde bewusst an den Anfang gestellt, denn die Antwort des Klienten wird in den meisten Fällen dahin führen, dass zu hohe Ansprüche (selten zu niedrige) an sich selbst in andere projiziert werden.

Fremderwartung
- Was erwartet mein Chef von mir?
- Was erwarten meine Kollegen von mir?
- Was erwarten meine Mitarbeiter von mir?
- Was erwartet mein sonstiges Umfeld von mir?
- Was wird von mir persönlich erwartet?

In diesem Fall habe ich die Fragen der anderen an den Anfang gestellt, denn hier wird der Klient erfahrungsgemäß nicht direkt und konkret antworten. Die Antworten werden zumeist so klingen: „Ich denke, mein Chef ..."; „Also bei meinen Kollegen meine ich, dass Sie ..."; „Von Mitarbeitern kann man erwarten ..." Bei der Frage nach den persönlichen Erwartungen an den Klienten durch andere kann der Kurzberater die Erwartungsprojektion aus der Eigenerwartung bestätigt finden. Genauso kann aber eine Antwort zeigen, dass der Klient sich als Person/Persönlichkeit vernachlässigt fühlt: „Das weiß ich nicht"; „Da habe ich mich noch nicht mit beschäftigt"; „Das ist denen doch egal" etc.

Der Kurzberater animiert den Klienten, ein Ziel zu benennen und es auszumalen. Wer kein Ziel kennt, kann auch keines erreichen. Zeichen für eine schwierige Motivationslage sind:

– Eine zu große Euphorie/Übermotivation
– Ausschließlicher Druck von außen/keine eigene Motivation
– Überhöhte Ansprüche an die Mitwirkung anderer
– Abhängigkeit von äußeren Motivationsfaktoren (Lob)
– Überhöhte Erwartung an die Lösung/sofortige Besserung
– Generell negative Lebenshaltung
– Motivationsschwankungen

Wir erarbeiten mit dem Klienten nun Quellen der Motivation und leiten den Klienten zu aktivierenden eigenverantwortlichem Denken:

– „Aus welcher Motivation heraus sind Sie zur Beratung gekommen?"
– „Wovon träumen Sie?"
– „Entwerfen Sie ein Grobkonzept Ihrer Vision."
– „Arbeiten Sie die machbaren Elemente aus diesem Grobkonzept heraus."

Aspekte der Einzelberatung

– „Malen Sie sich die Zukunft aus. Wie wird es sein, wenn Sie Ihr Ziel erreicht haben?"
– „Warum wollen Sie das Ziel jetzt erreichen?"
– „Welches erstes Teilziel werden Sie wann angehen und mit welchen Arbeitsschritten?"

Der Klient sollte durch den Berater in eine positive, realistische Denkweise gelenkt werden. Er soll eigene Blockaden erkennen und die Lösungsorientierung anstreben.

Finden Sie gemeinsam die Quellen der negativen Gedanken!

Stoppen Sie durch Ihre Fragen das Weiterspinnen der negativen Gedanken und führen Sie den Klienten zu den positiven Aspekten der Gedanken. Erarbeiten Sie realistische Pläne und machbare Teilschritte mit dem Klienten. Helfen Sie ihm seine Stärken zu erkennen und zu schätzen, seine Schwächen zu akzeptieren und sogar ggf. als Stärken einzusetzen. Lösen Sie ihn von der Fremdorientierung und unterstützen Sie ihn in seinem „Recht" der eigenen Maßstäbe. Knüpfen Sie an vergangene Erfolgserlebnisse an.

9 Beraten von Gruppen

Die lösungsorientierte Kurzberatung greift als Arbeitsweise ebenso hervorragend bei Gruppen. Ein Berater sollte sich allerdings erst an diese Arbeit heranbegeben, wenn er sich in allen Techniken sicher ist und die für ihn passenden Methoden gefunden hat. Ferner empfehle ich, einiges an Einzelarbeit bereits erfolgreich absolviert zu haben, bevor die noch intensivere und für den Kurzberater noch schnellere Aufgabe der Gruppenarbeit in Angriff genommen werden kann.

Den einzelnen Gruppenmitgliedern liegen ganz verschiedene Dinge am Herzen. Bei der Fallbesprechung sind die Gewichtungen eines jeden sehr unterschiedlich. Diese persönlichen Akzente der einzelnen Gruppenmitglieder bei der gemeinsamen Arbeit gelten ebenso für das subjektive Erleben, die Wahrnehmungen und das Verhalten des Einzelnen, sowie der ganzen Gruppe.

Wenn Kurzberater sich entschlossen haben, mit Gruppen zu arbeiten, ist das Wort „kurz" noch ernster zu nehmen. Während der verschiedenen Kapitel habe ich immer wieder klar gemacht, dass es eine ständige und nicht gerade leichte Aufgabe des Beraters ist, Klienten wieder auf den Punkt zu bringen, der Lösung zuzuführen und vom Problemdenken (dem Jammern) wegzulotsen. Hier in der Gruppenarbeit ist dies eine mehrfach multiplizierte Herausforderung für den Berater.

Die Kommunikation innerhalb der Gruppe sollte sich an folgenden Regeln ausrichten. Jedes Teammitglied (Teilnehmer) sagt sich:

– Sei dein eigener „Vorsitzender" und bestimme, wann du reden willst.
– Versuche das zu geben, was du selbst erhalten willst.
– Sprich nicht per man oder wir, sondern per ich.
– Halte dich kurz.
– Es spricht immer nur eine Person, keiner unterbricht den anderen.

- Seitengespräche stören und sind zu unterlassen.
- Notiere dir Gedanken und knüpfe Gedanken deines Vorgängers weiter.
- Sprich authentisch und stille keine Erwartungen.
- Begegne deinen Gruppenmitgliedern mit Achtung und Respekt.
- Sieh diese Arbeit als Chance für dich und die Gruppe.

Wenn die Regeln besprochen werden, höre ich immer wieder: „Das ist doch selbstverständlich." Sehr bald aber stellt sich heraus, wie wenig selbstverständlich dies im praktischen Umgang ist.

Ein hervorragender Einstieg in den Wust von Erwartenshaltung, vielfältigen Gefühlen, unterschiedlichen Sichtweisen etc. ist das Modell der themenzentrierten Interaktion (TZI) nach RUTH COHN. Der Berater kann dies als Grundmuster den Teilnehmern erklären: Es geht immer um

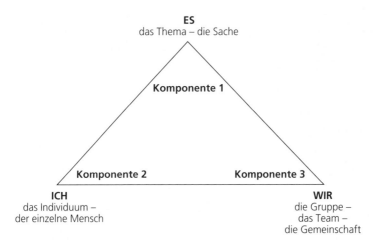

Abb. 12: *Komponenten der themenzentrierten Interaktion*

1. ein Thema (struktureller Aspekt – Sache – ES)
2. die Interessen, Bedürfnisse, Motive der einzelnen Person (individueller Aspekt – Gefühl – ICH)
3. die interpersonalen Beziehungen in der Gruppe (sozialer Aspekt – Gemeinsamkeit – WIR)

Alle drei Bereiche sind gleich wichtig. Aufgabe des Kurzberaters ist es daher, die Balance zu halten. Die Gleichgewichtung der drei Bereiche wird durch die vorab besprochenen Regeln erleichtert und während des Arbeitsprozesses immer wieder aufgenommen.

In diesem Dreieck gibt es verschiedene Konstellationsmöglichkeiten:

1. Fühlt sich das ICH im WIR nicht wohl, wird das ICH sich nicht dem ES widmen können. Das ICH wird zu beschäftigt sein, entweder vom WIR aufgenommen/angenommen zu werden, oder das ICH sucht für seine fehlende Integration nach Schuld, Vorwurf und Bestrafung des WIR.

Die Aufgabe des Kurzberaters ist in diesem Fall, über die Wichtigkeit des ES einen Bogen zur Gemeinsamkeit, zum WIR zu schlagen.

2. Lehnt das WIR das ICH ab, oder fühlt es sich gestört und behindert, wird es das ICH für die nicht mehr vorhandene Arbeitsfähigkeit am ES verantwortlich machen. Es wird sich hauptsächlich nur noch damit beschäftigen, das ICH zu entfernen und die entsprechenden Strategien „erarbeiten".

Der Kurzberater ist nun angehalten, dem WIR vorhergehende Erfolge aufzuzeigen, und der Gruppe deutlich zu machen, dass das ICH ein sinnvoller „Baustein" im WIR ist. Lösungsstrategien für die Weiterarbeit sind zu entwerfen. Er muss dabei darauf achten, dass das ICH weder am Pranger steht noch das Gefühl hat, im Kurzberater einen Verteidiger zu haben. Wohlwollende Gruppenmitglieder sind auszumachen, die man dem ICH an die Seite stellt.

3. Das ICH ist im WIR integriert, fühlt sich wohl, das WIR fühlt sich gut, aber alle gemeinsam (das stimmige WIR) lehnen das ES ab. Doch die Sache muss gemacht werden, sonst wird sich das WIR erübrigen.

Der Kurzberater kann bei dieser besonders schwierigen Konstellation davon ausgehen, dass die Abwehr und die völlige Ablehnung des ES entweder aus einer Unterforderung oder Überforderung der Gruppe resultiert, oder dass die Ablehnung noch nicht artikuliert ist, doch an einer Person, in diesem Fall einer Außenstehenden, die nicht zum WIR gehört, festzumachen ist.

4. Das ist der wesentlichste Punkt der dem obigen Modell noch hinzuzufügen ist, das GLOBE – die Außenwelt oder das Umfeld. Im Übrigen gilt die vergleichbare Konstellation, wenn ebenfalls das WIR harmonisch ist, das ICH im WIR und das WIR mit dem ICH zufrieden ist und die Gruppe fast selbstverliebt in ihr ES ist. Das ES kommt aber in der Außenwelt, dem GLOBE, bei anderen nicht an.

Auch hier ist der Kurzberater angehalten, den vierten Aspekt, die Umwelt, das Umfeld, wie RUTH COHN es nennt: das GLOBE, in den Arbeitsprozess mit einzubeziehen.

Um die Gruppe, das WIR in eine konstruktive Arbeitsweise zu geleiten, arbeite ich in der ersten Beratungssitzung wie auf einem Workshop mit der Meta-Plan-Technik, mit Karten. Die Gruppenmitglieder können sich alle ihrem Temperament entsprechend einbringen. Während bei einer reinen Gesprächsrunde die stilleren und langsameren Teilnehmer ins Hintertreffen geraten, ist bei dieser Technik jeder Typ und jedes Temperament aufgenommen. Die Regeln sind einfach:

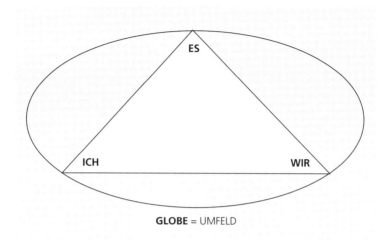

Abb. 13: *Das Umfeld einer Gruppe*

Mit dicken Filzstiften wird auf vorgefertigte Karten (etwa die Hälfte einer üblichen Karteikarte) in Stichworten, der sog. Ein-Satz-Methode, die eigene Meinung, Einstellung, Aussage zum Problem niedergeschrieben. (Stichworte, max. ein Satz, Schriftgröße knappe Daumenlänge). Die Karten werden von mir und einem Helfer aus der Gruppe (es empfiehlt sich das aggressivste oder „lauteste" Gruppenmitglied für diese Aufgabe zu nehmen, da es beschäftigt ist und die anderen dadurch mehr Raum bekommen) zunächst wahllos, nach Eingang an die Pinnwand gesteckt. Sehr bald stellen sich Doppelungen ein und Themen bzw. Überschriften entstehen. Ich moderiere nun diese Überschriften an und animiere die Gruppenmitglieder, die Unterkarten aus den geschriebenen Karten zu bilden. Da das Ganze locker, spielerisch und kreativ ist, arbeiten alle gerne mit. Weitere Karten folgen ergänzend. Nach etwa einer halben Stunde Arbeitszeit stehen die Probleme fest und sind für alle sichtbar. Im Gespräch würde ich dies niemals so schnell, konsequent, kongruent und präzise erreichen. Nachdem die zu bearbeitenden Themen nun feststehen, befrage ich jedes Gruppenmitglied, ob es sich bei der

Zusammenstellung auf der Pinnwand wiederfindet. Erst wenn dies alle bejaht haben, gehe ich in den nächsten Arbeitsschritt.

Je nach Größe der Gruppe teile ich die Teilnehmer in kleine Arbeitsgruppen zu vier bis fünf Personen auf. Jede Kleingruppe bearbeitet das gleiche Thema. Ein Moderator pro Gruppe wird gewählt, der sich nun Überschrift und Unterpunkte notiert. Jede Gruppe erhält genügend Karten, Filzstifte und eine Pinnwand. Ich entlasse die Kleingruppen dann in die freie Bearbeitung des Themas (aller Folgethemen) mit folgender Aufgabenstellung:

– Was kann ich persönlich am Problem ändern?
– Wie werde ich vorgehen, was benötige ich dazu, wann beginne ich und welche Hindernisse könnte ich erwarten?
– Was kann ich in keinem Fall ändern?
– Wer kann es ändern und wie stelle ich mir das vor?

Ich betone sehr stark, dass mich ausschließlich Lösungsaspekte, Lösungswege interessieren und in keinem Fall das Problem ausgeweitet oder weiter beschrieben werden soll.

Die Gruppe hat einen Moderator, der für die Einhaltung der Aufgabe und der Zeitvorgabe sorgt. Die Zeit setze ich je nach Problemstellung an. In keinem Fall zu großzügig (zwischen einer und anderthalb Stunden), damit nicht zurück in das Problemdenken diskutiert wird.

Ferner muss in dieser Zeit das Erarbeitete visuell aufbereitet werden mit dem mitgegebenen Material und ein Präsentator wird gewählt, der für die anderen Gruppen nachvollziehbar die Arbeit vorstellt.

Die Teilnehmer ziehen immer sehr arbeitsbereit los, gleich in welcher Hierarchieebene diese Arbeit angesetzt wird. Ich pendele zwischen den Kleingruppen hin und her und unterstütze die Arbeit mit den in den vorigen Kapiteln beschriebenen Techniken und Fragen. Merke ich, dass sich eine Gruppe verplaudert, verdiskutiert oder zu sehr im Problemdenken verhakt, unterstütze ich stärker mit fördernden Fragen.

Die Zeit wird fast immer eingehalten und die Gruppenmitglieder tragen in den meisten Fällen zufriedene Gesichter. Ich schreibe das schon alleine der Entkrampfung zu und dem: „Ich konnte etwas tun!" Bei den Präsentationen bin ich jedesmal wieder erfreut, wie kreativ Menschen doch sein können, wenn sie nur angeleitet werden. Zu 90 Prozent wird sich an die Prinzipien der Lösungsorientierung gehalten und, was noch positiver ist, der Löwenanteil der Lösungsansätze wird bei sich selbst gesucht, gesehen und erarbeitet. Die jeweils genannten Punkte, die nur durch andere zu lösen seien, betreffen in der Tat meist Entscheidungen, die dieser Gruppe nicht obliegen. Durch das Bewusstmachen der Nichtzuständigkeit herrscht aber auch in dieser Hinsicht Zufriedenheit, weil die Punkte „abgehakt" werden konnten.

Das Zurückfallen in das Schuldprinzip kommt sehr selten vor. Weil die Kleingruppen jeweils mit dem gleichen Thema beauftragt wurden, ergeben sich sowohl viele Übereinstimmungen als auch Erweiterungen und unterschiedliche Ansichten. Die Übereinstimmungen werden zusammengetragen, sie bestätigen den Lösungsansatz und seine Machbarkeit. Die Erweiterungen werden zur Diskussion gestellt. Entweder werden die Punkte wohlwollend von den anderen angenommen, („haben wir auch drüber gesprochen, ja, das fehlt noch ..."), oder sie werden ebenfalls wohlwollend und in Übereinstimmung verworfen. Unterschiedliche Ansichten werden genauso diskutiert, wobei ich den Gruppenmitgliedern, die die Ansichten eingebracht haben, durch gezielte Fragen abfordere, sich zu präzisieren und den anderen „zu verkaufen". Die anderen Gruppenmitglieder werden zunächst gebeten, diese Punkte nicht zu verwerfen, weg zu diskutieren, sondern sich dafür zu interessieren, die Beweggründe und Argumente zu erfragen. Es entsteht eine angenehme Arbeitsatmosphäre, in der jeder das Gefühl hat, er wird angenommen, geachtet, akzeptiert und kann sich frei bewegen. Ich vergesse auch bei Gruppen nicht, die Teilnehmer für ihren Einsatz und die hervorragende Arbeit zu loben.

Nachdem die Punkte geklärt, abgesprochen, von allen (Ausnahmen gibt es natürlich auch) bestätigt und gesammelt sind, bitte ich darum, die beendete Arbeit noch einmal nach der Machbarkeit, der Umsetzbarkeit zu beleuchten und einen Arbeitskatalog – den Hausaufgaben der Einzelperson gleichzusetzen – anzulegen.

Wir verabreden, wie viel Zeit für die Umsetzung (vergleichbar – Hausaufgabe in der Einzelpersonensitzung) notwendig ist, und legen den Nachfolgetermin fest. Im Nachfolgetermin verfahre ich genauso wie bei der Einzelperson. Auch bei der Gruppenarbeit ist Disziplin ein wesentlicher Erfolgsfaktor.

10 Lösungsorientierte Organisationsberatung

Als der systemischen Lösungsorientierung und Kurzberatung verpflichtete Beraterin stellte sich mir die Frage, ob dieser Ansatz nicht auch in der Organisationsentwicklung sinnvoll angewendet werden kann. Meine erste Überlegung war dabei: Welche Grundlagen und welches Rahmenverständnis unterscheidet systemische Organisationsberatung von anderen klassischen Ansätzen?

Klassische Organisationsentwicklung	**Systemische Organisationsentwicklung**
– Entwicklung einer großflächigen Kultur- oder Strategieveränderung	– Entwicklung eines Prozesses, damit die beteiligten Menschen die von Ihnen präferierte Zukunft erarbeiten können.
– OE ist darauf gerichtet, die Beziehungen/Kommunikationen zwischen den Beteiligten neu zu ordnen.	– OE schafft die Bedingungen, damit Neues – in welche Richtung auch immer entstehen kann.
– Es braucht viele Menschen, die „Veränderung" akzeptieren.	– Es braucht Menschen, die bereit sind Zeit in sich/ mit anderen zu investieren.
– OE basiert auf einer Diagnose von Experten über Lücken zwischen dem, was „ist", und Hypothesen darüber, was „sein sollte".	– OE entsteht auf Basis der Sichtweisen, welche die Beteiligten über ihre Gegenwart, Vergangenheit und gewünschte Zukunft haben.
– Berater führen Interviews bei den Beteiligten durch und verwenden die Infos für die Erstellung von Diagnose/ Prozessschritten	– Die Beteiligten stellen die Meilensteine des Prozesses selbst zusammen.
– Die Berater verschreiben Maßnahmen zum „Stopfen" der Lücken – v. a. Trainings („Die Menschen wissen nicht, wie sie das tun können, was sie tun wollen")	– Menschen haben und bringen alles mit, was sie für die Umsetzung von Organisationsentwicklungsprozessen brauchen!

In zweierlei Hinsicht ist die Übertragung der lösungsorientierten Kurzberatung auf die Ebene der Organisation eine Herausforderung:

- die Einbeziehung vieler Personen mit unterschiedlichen Zielen und Meinungen
- die Komplexität der Situation mit vielerlei Alternativen

Damit ergeben sich – als ersten Überblick – folgende Arbeitsphasen:

- Sammlung von Alternativen
- Bündelung
- Bewertung/Auswahl
- Schaffung einer Basis für die nächste Alternativensammlung

Grundsätzliches

Wenn die Abläufe den Kriterien erfolgreichen Arbeitens nach STEVE DE SHAZER entsprechen sollen, dann müssen auch in der Organisationsentwicklung wesentliche Teile des Ablaufs gefiltert und an die Arbeit in komplexen Systemen angepasst werden.

Welche Anforderungen muss also eine erfolgreiche Beratung in der systemischen Organisationsentwicklung erfüllen?

- Alle Menschen eines Systems sollten *gemeinsam* an einer Themenstellung arbeiten können.
- Unterschiedliche intellektuelle Niveaus einer großen Anzahl von Menschen eines Systems müssen unbedingt berücksichtigt werden.
- Das Modell muss in seinem Ablauf und in seinen Fragestellungen von allen verstanden werden. (Vorab Plattform schaffen)

- Alle Beteiligten müssen – aus ihren unterschiedlichen Blickwinkeln – zu einem Ergebnis beitragen können.
- Zwischen dem Beratungssystem (dem Hier und Jetzt der Beratung) und dem Heimatsystem (in dem die Maßnahmen später wirken sollen) muss klar unterschieden werden.
- Die Möglichkeit einer ziel- und zukunftsorientierten Arbeit anstatt einer analysierenden muss gegeben sein. (Philosophie der Lösungsorientierung muss verstanden sein)
- Das Modell sollte mit einer ausgeprägten Verbundenheit (Wir-Gefühl) einhergehen, um

1. einen Unterschied für die Unternehmenskultur zu erzeugen („Meilensteine unserer Zusammenarbeit");
2. eine verbesserte Umsetzung der festgelegten Maßnahmen zu erreichen;
3. Akzeptanz in den Arbeitsphasen untereinander und miteinander zu gewährleisten;
4. die Umsetzung garantieren;
5. mit Motivation angegangen werden und Motivation erzeugen/hinterlassen.

Die Berater sollten in jedem Fall bereits Erfahrungen mit der lösungsorientierten Arbeit haben und lösungsorientiertes Vorgehen mit der Arbeit in komplexen Systemen verknüpfen können. Verwandte Arbeitsinstrumente sind z. B.:

- Workshop
- Zukunftskonferenz
- Open Space

Das Modell der LOB

Um die Übertragung der lösungsorientierten Kurzberatung auf die systemische Organisationsentwicklung schnell erfassen zu können, habe ich die beiden Arbeitsweisen gegenüber gestellt.

	Lösungsorientierte Kurzberatung	**Systemische Organisationsentwicklung**
Inhalte	Die Inhalte werden von den Klienten vorgegeben, es erfolgt eine Maßschneiderung der Beratung auf die Bedürfnisse des Einzelnen	Der inhaltliche Fokus wird vom Unternehmen festgelegt, es bedarf einer Abstimmung der individuellen Ziele mit den Team- bzw. Organisationszielen
Dauer	Die gesamte Beratung muss „an einem Stück" ablaufen, Unterbrechungen sind nicht vorgesehen	Aufteilung der Arbeit in Sequenzen, die von den Beteiligten „verdaut" werden können: Zwischen großen Entscheidungen sollte genügend Zeit zum Nachdenken und Abwägen sein
Ablauf	Alternativen für den Klienten werden intrapersonell verglichen und bewertet	Alternativen müssen allen verständlich gemacht werden und aus verschiedenen Gesichtspunkten bewertet werden
	Am Ende der Beratung steht eine 100%ige und gewollte Lösung, mit der sich der Klient identifizieren kann und wird (Umsetzungsgarantie)	Alternativen müssen häufig der Unternehmensleitung zur Genehmigung vorgelegt werden (Umsetzungsverzug)

Aus der Zusammenführung beider Konzepte entstand das Modell lösungsorientierter Organisationsberatung, kurz: LOB. Ich habe die lösungsorientierte Kurzberatung jedoch nicht in jedem Punkt deckungsgleich übernommen, sondern die Besonderheit der Gruppe bzw. Großgruppe bedacht sowie die Unternehmensleitungen einbezogen.

Vielleicht mag es „wundern", dass ich, wie Sie gleich lesen werden, der Wunderfrage STEVE DE SHAZERS bei LOB fast mehr Gewicht gebe als bei der Einzelarbeit. Der Hintergrund ist einfach: In Organisationen sind „Probleme" zumeist schon keine Herausforderung mehr, sondern gehen oft mit Resignation, Demotivation und negativen Gefühlen einher: „Habe mich damit abgefunden, das hat keinen Zweck, das bringt nichts mehr, ich brauche nicht schon wieder Veränderung" etc.

Mit der Wunderfrage soll jedoch nicht in Utopie, Träumereien oder Hirngespinsten ausgewichen werden. Im Grunde ist sie gar keine Frage nach einem Wunder, sondern bringt „verborgene Tatsachen", Ideen, Visionen, Wünsche und ggf. unberücksichtigte Bedürfnisse zu Tage. Die Wunderfrage ist kreativ, schafft neue Blickwinkel, wirkt zunächst unverbindlich – und macht in vielen Fällen dann doch schmackhaft, Neues zu erproben und anzugehen. Ich empfehle, folgende Reihenfolge des Vorgehens möglichst einzuhalten:

1. **Hinführen der Klienten/Teilnehmer auf die Wunderfrage**
   Pacing
   Auftrag (Hausaufgabe)
   Ziel
2. **Wunderfrage stellen und Sichtweisen der Teilnehmer zum Wunder sammeln**
   Brainstorming
3. **Skalenfrage und Aushandeln von Handlungsalternativen**
   Bewertung
4. **Experiment**
5. **Neues Verhalten in der Praxis erarbeiten und umsetzen**
   Teilschritte

1. Hinführen der Klienten auf die Wunderfrage

Pacing:
Mit und zwischen den Beteiligten, die sich in großen Unternehmen vielfach vor einer solchen Arbeit gar nicht kennen,

wird eine notwendige Vertrauensbeziehung aufgebaut. Hier eignen sich vor allem Fragen danach,

– was jeden Einzelnen in den letzten Jahren stolz auf das Unternehmen (Team) gemacht hat,
– was ihn demotiviert hat,
– und welches Bild vom Unternehmen (Team) in einigen Jahren er hat.

Auftrag:
„Was müsste geschehen, damit am nächsten Tag/nächste Woche ... folgendes Wunder ... eingetreten ist?" (Beschreibung des gemeinsamen Wunschbildes)

Hier kann die Frage STEVE DE SHAZERs exakt übernommen werden, allerdings muss den Teilnehmern die Möglichkeit gegeben werden:

– die Ergebnisse zu bewerten
– ein gemeinsames Ergebnis zu erarbeiten. d. h. das Wunschbild muss mit allen Bildern weitestgehend deckungsgleich sein bzw. werden.

Ziel:
Das Ziel kann vor allem durch die Frage: „Was tun wir anders, wenn wir das Ziel erreicht haben?" erarbeitet werden.

2. Wunderfrage und Sichtweisen der anderen auf das Wunder

Hier ist darauf zu achten, den Teilnehmern genügend Zeit für die Einarbeitung der Details des Wunders zu geben. Wichtig ist es auch, sich in Beteiligte hineinzuversetzen und ihre Beobachtungen und Sichtweisen auf das Wunder auszuformulieren. Das Wunder wird dadurch im Detail ausgemalt und ist in seinen Auswirkungen präsent.

3. Skalenfrage und Aushandeln von Handlungsalternativen

Bei LOB geht es im Unterschied zur lösungsorientierten Kurzberatung nicht nur darum, die erarbeiteten Ergebnisse auf die Wechselwirkungen mit ihrer Umwelt zu prüfen, sondern auch, ihre eigene, individuelle Skala immer wieder mit einzubeziehen. Wichtig ist stets erneut festzustellen, ob sich jeder Einzelne noch mit den erarbeiteten Ergebnissen identifizieren kann.

Eine Skala kann sehr einfach wie ein Barometer erstellt werden, durch Schulnoten oder durch Punkte auf einer Skala von 1 - 10.

    1   2   3   4   5   6   7   8   9   10

                       ☺

Bei der gesamten Arbeit, im Besonderen aber in den ersten drei Phasen sollten Berater folgende Eckpunkte berücksichtigen:

– Der Einzelne bringt sein persönliches Erleben ein,
– die Gruppe hat mitgebrachte und/oder entstandene Gefühle und Dynamiken und
– die Unternehmensleitung und eventuelle andere Abteilungen geben ein Weiteres dazu.

Um die Dynamik in Organisations- und Personalentwicklungsprozessen zu erläutern, eignet sich wieder das Modell der themenzentrierten Interaktion nach RUTH COHN (s. Abb. 12 u. 13). Zielkonflikte, persönliche Befindlichkeiten und Kommunikation mit all ihren Regeln spielen sich in diesem „Dreieck" aus Individuum, Team und Sache ab, ergänzt durch das Umfeld.

4. Experiment

Beim Experiment in der LOB arbeiten wir Wunder aus. Die Arbeit ist der Zielarbeit gleich. Wir beleuchten das Wunder im Experiment nach folgenden Kriterien (der Zielarbeit vergleichbar): Ist es

– gewollt?
– realistisch?
– machbar?

Dabei ist darauf zu achten, dass nur ein einziges Experiment als Aufgabe gegeben wird. Das Experiment sollte klar nachvollziehbar sein und nicht zu Fehlinterpretationen verleiten. Seine Qualität ist davon bestimmt, dass es

– alle Beteiligten betrifft und mit einbezieht,
– bei Einhaltung für alle Beteiligten eine Erhöhung ihres persönlichen Skalenwertes mit sich bringt,
– alle Beteiligten in seiner Wirkungsweise überprüfen können.

5. Neues Verhalten in der Praxis

Wichtig ist in der LOB vor allem, dass das neue Verhalten in der Praxis durch zusätzliche Fragen wie z. B.

– Was werden Sie persönlich ab morgen tun?
– Was ist Ihr erster Schritt?
– Was ist für Sie als erstes machbar?

nochmals fixiert wird, vergleichbar den Hausaufgaben in der lösungsorientierten Kurzberatung.

Diese Fragen an die Einzelperson sind wesentlich, da die sofortige Umsetzung des Ganzen oft nicht direkt in der Hand der Beteiligten liegt. Durch den persönlichen Start jedes Einzelnen überbrückt der Berater die Entscheidungsphasen der Unternehmensleitungen. Die Teilnehmer der systemischen Organisationsarbeit haben nun in jedem Fall das Gefühl, Beteiligte und Macher zu sein. Eine Demotivation oder Stagnation kann somit verhindert, in jedem Fall eingeschränkt werden. Unternehmensleitungen sollten vom Berater darauf hingewiesen werden, dass zwischen Erarbeitung und Umsetzung keine zu langen Pausen liegen dürfen (Empfehlung max. 1–3 Monate).

Fallbeispiel aus der Praxis

Nach dem theoretisch beschriebenen Einsatz der LOB möchte ich Ihnen das Ganze anhand eines Falls aus meiner jüngsten Beratungspraxis darstellen.

Als Tipp möchte ich Ihnen mitgeben, vergleichbare Fälle aus der eigenen Beratertätigkeit, dem Unternehmensumfeld, aus bekannten Firmen etc. einmal im Kopf oder auf dem Papier nach dem Modell durchzuspielen. Es wird Sie zu guten Gedanken anregen und Ihnen neue Dimensionen eröffnen.

1. Das Unternehmen

Ausgangslage
Das Unternehmen ist aufgrund einer Marktöffnung gezwungen, seine Monopolstellung aufzugeben, und den Herausforderungen einer freien Marktwirtschaft zu begegnen.

Während des internen Umstrukturierungsprozesses ist das Unternehmen starkem Druck ausgesetzt. Die Konkurrenz bringt neue, billigere Produkte auf den Markt. Es bedarf einer ständigen Anpassung des Produktangebotes sowie eines verbesserten Kundenservices, um die Kunden weiterhin an das Unternehmen zu binden.

Zusätzlich zu den kontinuierlichen Herausforderungen durch die Konkurrenz und den Preisdruck, kommt es innerhalb des

Unternehmens zu einem heftigen Widerstand gegen die zahlreichen Erneuerungen. Gerade nun benötigt das Unternehmen Teams, die zusammenhalten und den Dienstleistungsgedanken als vorrangig sehen. Durch die langjährige Monopolstellung des Hauses sind jedoch Begriffe wie Kundenorientierung intern wie extern, Kundenfreundlichkeit und Freude an der Dienstleistung kaum oder gar nicht vorhanden. Man bietet ja immerhin Leistung – der Nutzen des Kunden interessiert nicht bzw. ein Nutzendenken ist gar nicht bewusst.

Ziel der Organisation
Das übergreifende Ziel des Unternehmens ist es, die monopolistisch geprägten Strukturen und die Verhaltensmuster der Mitarbeiter in Zusammenarbeit mit unserem Institut und unseren Trainern in Richtung „kundenorientiertes Unternehmen" zu verändern.

Da die Gefahr besteht, dass die Mitarbeiter, blockiert durch die internen Probleme, sich nicht auf die Kunden- und Marktanforderungen konzentrieren, sondern auf die Sicherung des Bestehenden oder sogar – unter Ausnutzung der Unruhe – auf die Befriedigung lang gehegter Begehrlichkeiten, sollen im Vorfeld zunächst die inneren Prozesse und Strukturen lösungsorientiert beleuchtet und optimiert werden. Der einführende zweitägige Teilprozess wird also so gestaltet, dass nicht nur auf die Außenperspektive in Richtung „mehr Kundenorientierung" fokussiert wird. Würden wir die internen Differenzen außer Acht lassen und nicht vorne an stellen, wäre jedwede Entwicklung blockiert.

Informationsbeschaffung im Vorgespräch
Auch bei dem 5-teiligen lösungsorientierten Organisationsprozess ist es notwendig, im Vorfeld bestimmte Informationen einzuholen bzw. abzuklären.

In unserem Fallbeispiel arbeite ich zunächst mit den Abteilungsleitungen, also der mittleren Unternehmensebene. Hier erfahre ich sowohl die Führungsthemen von oben (Unternehmensleitung) zur Mitte, wie auch das Führungsverhalten von der Mitte nach unten (Mitarbeiter). Ich kann mich in die Sprache des Unternehmens einfühlen. Ferner kann ich gerade in der Mitte Unterstützung erwarten, da hier erfahrungsgemäß der Großteil des Unternehmensgeschehens „läuft" und umgesetzt wird.

Beim Einstieg in die Arbeit sind beide Blickwinkel zu berücksichtigen, die Innenperspektive und die Außenperspektive:

Beispiel für das Erarbeiten der Innenperspektive

Fragestellung	**Mögliche Antworten**
Wie lautet das konkrete Problem?	Wir haben interne Probleme
Welche verschiedenen Personengruppen sind davon betroffen?	Kunden (Lieferanten) Betriebsrat/Personalrat Angestellte Arbeiter
Wie lange gibt es diese internen Probleme schon?	Einige Monate In den letzten Wochen hat sich das Problem verschärft
Wann waren die internen Probleme ganz akut? – gab es irgendwann eine extrem schwierige Phase?	Mitte 2002 Beginn Verstärkt seit Ende 2003

Beispiel für das Erarbeiten der Außenperspektive

Fragestellung	**Mögliche Antworten**
Was sind die angestrebten und/oder bereits bestehenden Zielgruppen des Unternehmens?	Mittelständische Unternehmen
Haben Ihre Kunden bereits Veränderungen bemerkt?	Es wurden bereits Fragen gestellt
Wurden die Veränderungen als positiv bewertet?	Unsere Telefonzentrale wurde wegen der Freundlichkeit gelobt
Wann startete der gesamte Veränderungsprozess?	Ende 2002 – fließend in 2003

2. Der Einsatz des Instruments LOB

LOB 1: Hinführen des Kunden auf die Wunderfrage
Zu Beginn eines solchen Prozesses ist es von großer Bedeutung, die Teilnehmer miteinander vertraut zu machen und eine angenehme produktive Atmosphäre zu schaffen.

Um eine gemeinsame Basis für das weitere Vorgehen zu schaffen, sind im ersten Schritt die unterschiedlichen Sichtweisen und Vorstellungen der Teilnehmer herauszuarbeiten. Folgende Gruppenarbeit bietet sich in dem Zusammengang an: Wir fordern die Teilnehmer dazu auf, in lockerer Gesprächsrunde Ihre Sicht der Dinge zu erzählen.

– Erzählen Sie von einem Erlebnis der letzten Monate, bei dem Sie stolz waren, Teil des Unternehmens zu sein.
– Was hat Ihrer Meinung nach in den letzten Monaten nicht gut funktioniert?
– Welches Bild haben Sie von Ihrem Unternehmen in (einem) zwei Jahren?

Im zweiten Schritt geht es darum, von allen Teilnehmern (nicht nur den Abteilungsleitern) einen konkreten Auftrag für die zweitätige Veranstaltung zu bekommen.

– Woran wollen wir arbeiten?
– Was ist Ihr Ziel?
– Wie wollen wir die Gruppe zusammenstellen?

Um in der Gruppe zu einem Konsens zu kommen, beginne ich mit der Klärung der folgende Frage für die Teilnehmer:
Was muss in diesen beiden Arbeitstagen passieren, damit ich persönlich zufrieden bin?

Die Ergebnisse dieser Gruppenarbeit und somit der Auftrag für den zweitätigen Prozess sollte selbstverständlich mit dem

Auftrag der Abteilungsleitungen und der Unternehmensleitung übereinstimmen. Wäre dies in meinem Beispielunternehmen nicht der Fall gewesen, hätte die Gestaltung dieses Prozesses noch einmal überdacht werden müssen.

Dieser Teil 1 benötigt zwar nicht sehr viel Zeit, ist aber ganz entscheidend, um eine gemeinsame Basis zu schaffen und erfolgreiches Arbeiten zu ermöglichen.

LOB 2: Wunderfrage und Sichtweise der anderen auf das Wunder
Im ersten Schritt stehen die internen Probleme, die als Blockade für weitere Schritte gesehen werden, im Vordergrund. Die einzelnen Phasen der lösungsorientierten Organisationsberatung werden (aufgrund der hohen Anzahl der Teilnehmer) in Teilgruppen erarbeitet, mit anschließender Kurzpräsentation im Plenum und gemeinsamer Bewertung.

Die Zielvorgaben wurden knapp bemessen, um die „Wundertrance" den gesamten Prozess hindurch aufrecht zu erhalten. Das erhielt die Begeisterung und den Schwung für die schnelle und dynamische Arbeit.

Wunderfrage aus der Innenperspektive:
„Nehmen wir an, Sie gehen heute nach dieser Veranstaltung nach Hause, essen gemütlich zu Abend und begeben sich zur gewohnten Uhrzeit zur Nachtruhe und während Sie schlafen, passiert ein Wunder: Die Probleme, die Sie in Ihrem Unternehmen intern spüren sind weg – einfach so!!! Das Wunder ist aber passiert, während Sie geschlafen haben, und daher wissen Sie nicht, dass es passiert ist.

Woran merken Sie am nächsten Morgen, dass es passiert ist?
Um Ihnen einen wirklichkeitsnahen Einblick zu ermöglichen, hier einige Antworten:

– „Wir sehen Chancen in der Zukunft ..."
– „Wir kriegen Informationen ..."

- „Die aktuellen Veränderungen werden sofort mitgeteilt ..."
- „Mein Chef hat wieder Zeit für ein ruhiges Gespräch ..."
- „Ich habe weniger unbeantwortete E-Mails ..."
- „Ich komme an den Arbeitsplatz und mein Schreibtisch ist leer ..."
- „Meine Vorschläge werden umgesetzt ..."
- „Ich habe wieder Spaß an der Arbeit und bin euphorisch ..."
- „Deadlines werden eingehalten ..."

Die Auswirkungen des Wunders sind nach den im Vorfeld abgeklärten Personengruppen zu beleuchten. Es ist eine Herausforderung für alle Teilnehmer, sich in andere Personengruppen hineinzuversetzen und aus deren Sichtweise das Wunder zu beschreiben und/oder zu erkennen.

Wunderfrage in der Außenperspektive:
„Woran merken andere Personen, wie z. B. Kunden, Angestellte/Arbeiter, Betriebsrat/Personalrat, ohne dass Sie etwas von dem Wunder erzählen, dass es passiert ist?"

Hier wird deutlich, durch welche oft kleinen, internen Veränderungen enorme, externe Auswirkungen bemerkbar werden. Einige Beispielantworten bezogen auf die Personengruppe „Kunden":

- Freundliche Stimme am Telefon
- Terminwünsche werden eingehalten
- Keine Wartezeit am Telefon
- Schneller und zufrieden stellender Service
- Kunden Hotline ständig besetzt
- Persönlicher Kontakt
- Persönlicher Ansprechpartner
- Direkte, persönliche Information über neue Angebote und zusätzliche Beratung
- Lächeln und Freude sind zu spüren

Auch hier sehen wir auf einen Blick erneut die Philosophie der Lösungsorientierung bestätigt. Die Klienten bringen bereits alle Lösungen mit. Die Wunderfrage hat sie nur zu Tage gelegt.

LOB 3: Skalenfrage und Aushandeln von Handlungsalternativen
Ich bleibe als Berater weiterhin ausschließlich beim Fragen, leite, unterstütze, fordere und fördere mit Fragen.

Wann haben Sie in den letzten Wochen und Monaten „kleine Ausschnitte" dieses Wunders erlebt? Beschreiben Sie Ihre Erlebnisse.

Dieser Teil bringt oft das Aha-Erlebnis, denn kleine „Wunder-Ausschnitte" in der ansonsten „problembehafteten" Wirklichkeit sind von der Wunder-Situation tatsächlich gar nicht so weit entfernt. Durch das Erzählen dieser „kleinen Ausschnitte" in Form von Geschichten wird das Wunder greifbar und realistischer. Es macht die Teilnehmer stolz auf sich und gibt Mut und Kraft zu verstärken, zu optimieren – dran zu gehen. Es baut sich eine „Es geht"-Haltung auf.

Um die Realitätsnähe des Wunders deutlich zu machen, hilft oft die Skalenfrage weiter. Denn der Ansporn, auf der Skala einen Punkt weiter zu kommen, verhindert einen Rückfall in die Problemtrance und bringt lösungsorientiertes Arbeiten zum Erfolg.

„Auf der Skala von 0 – 10 stehen Sie jetzt wo?"

„Auf einer Skala von 0 – 10, wenn ‚0' ein Zeitpunkt in der Vergangenheit und ‚10' der Tag nach dem Wunder ist – wo standen Sie an den kleinen Wunder-Tagen"?

„Wo möchten Sie hinkommen und Ihre Zielgröße ansetzen?"

„Was müssen Sie konkret tun, damit Sie auf der Skala um einen Punkt höher kommen?"

Das Maßnahmenpaket wird nun mit den Teilnehmern auf ganz konkrete, greifbare Schritte heruntergebrochen, bewertet und mit einer zeitlichen Ziellinie versehen. Teilziele werden vereinbart und mit Zuständigkeiten versehen.

Das Ergebnis ist ein Paket gewollter, realistischer und machbarer Wege, Arbeiten, Zuständigkeiten zur Schaffung einer neuen internen Wirklichkeit. Bei der richtigen Abfolge der Schritte ist die Abrundung unseres Ergebnisses eine gute Zufriedenheit der Beteiligten.

LOB 4: Das Experiment/
LOB 5: Neues Verhalten in der Praxis
Das Experiment wird die erarbeiteten Ergebnisse nur noch zusammenfassen und den wichtigen Transfer in den Alltag (das System der Klienten/Teilnehmer) beinhalten. Daher muss es sowohl die unternehmensinternen Veränderungen als auch die von außen sichtbaren Veränderungen widerspiegeln und berücksichtigen.

Die Disney-Strategie (s. S. 172) kann dabei unterstützend wirken. Der Schwerpunkt der Reflexion liegt bei der Machbarkeit und Umsetzbarkeit der Ergebnisse.

Im Rahmen des Experimentes erlaube ich mir gerne folgenden humorvollen und dennoch stark verankernden Vorschlag (ohne die Ernsthaftigkeit des oft kraftvollen Veränderungsprozesses untergraben oder klein machen zu wollen):

Werfen Sie heute Abend und an jedem Abend der nächsten drei Wochen eine Münze – jeder von Ihnen geheim, nur für sich allein. Zeigt die Münze Kopf, dann tun Sie den gesamten nächsten Tag so, als wäre das Wunder schon geschehen. Sie tun dann all das, was sie vereinbart haben, dass Sie am Tag nach dem Wunder tun können.

Zeigt die Münze Zahl, können Sie selbst entscheiden, wie Sie sich verhalten wollen. Sie können sich dann entweder wie am Tag nach dem Wunder verhalten – oder so, wie Sie sich bisher verhalten haben.

Beobachten Sie jeden Tag, welche Münzseite wohl die anderen am Vortag geworfen haben. War es Kopf? War es Zahl? Sprechen Sie Ihre Kolleginnen und Kollegen konkret auf Ihre Eindrücke an, z. B. „Ich habe den Eindruck, Sie haben heute echt Ihren Kopf-Tag", oder „Ist bei Ihnen heute eventuell ein Zahl-Tag?"

Machen Sie eine Liste mit Einschätzungen, und vergleichen Sie diese Liste nach drei Wochen. Überlegen Sie bei diesem Treffer auch, wo Sie gerade dann auf Ihrer Skala in Bezug auf das Wunder stehen – und was Sie konkret tun können, um einen Punkt höher zu kommen. Und vor allem:

Schmunzeln Sie gemeinsam!

11 Kreativitätstechniken

Grundsätzliches

Jeder Mensch ist kreativ, bei den meisten bedarf es nur der Anleitung. Ich bezeichne das Arbeiten mit Kreativitätstechniken immer als Denkexerzitien. Der Mensch ist bekanntlich das einzige Wesen, das über das Denken zu reflektieren vermag.

Im Mittelpunkt aller kreativen Methoden steht immer ein Problem, zumindest ein Wunsch, dem man durch Fragen und Weiterfragen, durch Sammeln und anschließendem Ordnen auf die Spur kommt. Das Problem ist zunächst der zentrale Ort der Kreativität und wechselt schnell in die Lösungsorientierung: Aus dem Visualisieren des Problems erwächst die Aufgabe für den kreativ arbeitenden Menschen, eben das Erarbeiten der Lösungswege.

Die Analogie, das Bilderdenken, ist der wichtigste Begriff der Kreativitätsforschung. Es löst Assoziationen aus, die für die Kreativität meist um so bedeutsamer sind, je ungewöhnlicher sie sind. In Verbindung damit steht das Kombinationsvermögen, das beim Auffinden neuer Ideen eine Schlüsselstellung einnimmt. Eine weitere Möglichkeit, kreatives Denken anzuregen, besteht darin, Zukunftsaspekte zu konstruieren, also auf Lösungen zu zusteuern. *Problem, Analogie* und *Kombination* bilden das kognitive Triumvirat der Kreativität. Sie öffnen den Weg für Lösungen.

Arbeiten mit Kreativitätstechniken folgt der inneren Logik und passt zu der Art und Weise des Menschen zu denken. Wir reihen Gedanken aneinander, ausgesprochen wirken sie mitunter (besonders auf andere) unlogisch, sogar hin und wieder ohne Zusammenhang. Kreativitätstechniken lassen diese Gedankensprünge, Abweichungen etc. zu, ohne von der Sache – der Arbeit – abzukommen. Durch die Visualisierung wird alles festgehalten und kann ohne Wertung und ohne Hierarchie gesammelt werden. Ein Bild entsteht und kann nun bearbeitet, verändert, neu konstruiert, akzentuiert oder in Teilen gestrichen werden.

Für die lösungsorientierte Kurzberatung ist das Arbeiten mit Kreativitätstechniken unterstützend und fördernd. Ich setze sie bei Menschen ein, die Denkblockaden haben, ihre Probleme nicht genau artikulieren können, nicht in Zusammenhängen denken können, die zu berührt oder gestresst sind. Ebenso hilfreich sind sie bei Menschen, die einfach nicht gerne reden oder die noch Hemmungen haben, so offen über sich zu sprechen. Das Zeichnen, das Schreiben fällt vielen Menschen leichter, weil es spielerisch wirkt. Die visualisierten Bilder können zu weiteren Sitzungen unterstützend hinzugezogen werden.

Gewachsene Bilder, entstanden durch Kreativitätstechniken wie die Kartenmethode, Mind Maps, Problemanalyse und Disney-Technik entsprechen auch der Form der Persönlichkeitsveränderungsprozesse, die der Klient im Laufe der Kurzberatungssitzungen erfährt und erlebt. Insofern ist die Kreativitätsarbeit nicht nur ein wesentlicher Bestandteil und wichtiger Anreiz zur Herstellung der Arbeitsfähigkeit, sondern zeigt sich auch als wertvolles „Tagebuch" der Arbeit des Klienten an sich selbst.

Ich erkläre dem Klienten die Methode zunächst samt Sinn und erfahrener Ergebnisse. Ich gebe ihm die Freude auf die Auseinandersetzung mit sich selbst, in dem ich ein kleines persönliches Beispiel vorzeichne oder schreibe. Die Logik der Arbeit überzeugt zumeist.

Bei zögerlichen Klienten lege ich einfach Papier und Stifte in die Mitte des Tisches und greife selbst zu diesem Instrument, beginne und schiebe es danach zurück. Die Klienten nehmen schnell die Nachahmung auf und genießen dieses Medium der

Lösungsarbeit. Ich verwahre die Arbeiten entweder in meinem Institut, oder der Klient nimmt sie mit. In jedem Fall bitte ich um Mitbringen zur nächsten Sitzung. Kreativitätstechniken leben weiter und können fortgeführt werden. Manche Klienten arbeiten auch zu Hause, oder am Arbeitsplatz an diesen Kreativblättern weiter und bringen die Ergebnisse zur nächsten Sitzung mit.

Kreativitätstechniken brauchen ihre Zeit, genügend Material (Papier etc.) und eine gut aufgebaute Beziehungsebene zwischen Kurzberater und Klient. Die Arbeit soll Freude machen, aber mit Disziplin zielorientiert verfolgt werden.

Das System ist sich bei den meisten Kreativitätstechniken gleich:

Vom Bekannten zum Neuen
Vom Früheren zum Späteren
Vom Allgemeinen zum Besonderen
Vom Einfachen zum Komplexen
Vom Abstrakten zum Konkreten
Vom Problem zur Lösung
Vom Unmöglichen zum Möglichen

Kartenmethode (Meta-Plan-Technik)

Die Kartenmethode basiert auf einer vergleichbaren Technik wie das Brainstorming (mündlich werden wertfrei Gedanken zu einem Thema gegeben, eventuelles Protokollieren). Mit Hilfe einer beliebig großen Anzahl von rechteckigen Pappkarten werden Gedanken, Ideen, Lösungsansätze, Wege etc. formuliert und niedergeschrieben. Wichtig ist dabei das Tempo, es sollte so schnell wie möglich (aus dem Kopf und aus dem Bauch heraus) geschrieben werden.

Die Karten werden an eine Pinnwand gesteckt und dem Arbeitsthema und Sinn entsprechend später geordnet, mit Überschriften versehen etc. Ideen können nachgereicht werden und jederzeit hinzugefügt werden. Ist die Ideensammlung beendet, geht es an die Auswertung. Die visualisierten und präsentierten Ausarbeitungen werden nun nach ihrer Umsetzbarkeit beurteilt, ausgewählt und auf den Arbeitsweg gebracht. Diese Technik ist der Moderationsarbeit entnommen.

Mind-Map(ping)

Das Mind-Mapping wurde von TONY BUZAN entwickelt. Die Methode ist der Lösungsorientierung sehr nahe, da sie die Schlüsselfähigkeiten des Gehirns (Sammeln und Verknüpfen) in integrierter Form nachahmt.

Eine Zentralidee, ein Begriff oder Problem wird in die Mitte eines Blattes geschrieben. Diese Mitte stellt nun das Zentrum der Überlegungen dar. Alle Einfälle hierzu werden nun in Form von Verästelungen angedockt und miteinander verknüpft. Auch hierbei soll zunächst nicht sortiert werden. Es wird erst einmal alles, was mit der Zentralidee zu tun hat, auf dem Blatt festgehalten. Ordnung und System spielen keine Rolle. Diese Technik hat den Vorteil, dass sich durch die rund um die Zentralidee gruppierten Gedanken keine Hierarchie, also keine Bewertung ergibt. Während des Arbeitsprozesses empfiehlt es sich, mit Bleistift zu schreiben. Die Gedanken können erweitert, fortgeführt, als Unterpunkt zu einem anderen Punkt wandern, oder als nicht fördernd gleich ganz weg radiert werden. Eine Mind-Map „lebt".

Einige gestalten diese Technik auch als Baum/Ideenbaum. Der Stamm ist die Mitte und die Äste die weiteren Gedanken. Bei dem Bild des Baumes mit Wurzeln, Krone etc. besteht allerdings die Gefahr, wieder hierarchisch zu ordnen.

Abb. 14: *Mind-Map Muster*

Disney-Strategie

Es begann alles mit einer Maus! Der erfolgreichste Trickfilmer seiner Zeit, WALT DISNEY, landete keinen Flop, so lange das Unternehmen unter seiner Regie arbeitete. Er arbeitete hautnah mit einem Team, in dem sich alle technischen und künstlerischen Bereiche seines Unternehmens widerspiegelten. Er arbeitete mit diesem Team in drei Phasen und symbolisierte diese Phasen durch entsprechend eingerichtete Arbeitsräume:

Da war der Raum des *Träumers*, in dem der Phantasie und den Visionen freier Lauf gelassen wurde. Mit einem ungeordneten Füllkorb der Visionen wechselte er dann mit dem Team in den Raum des *Realisten*, in dem die Visionen nach ihrer Durchführbarkeit und Umsetzbarkeit beleuchtet wurden. Nach diesem Arbeitsschritt wurde das Material symbolisch zum *Kritiker* getragen, der alle Risiken bedachte und aufzeigte. Während der drei Arbeitsgänge veränderte sich die ursprüngliche Fassung. Der letzte Schritt war, diese erarbeitete Fassung erneut dem *Träumer* vorzulegen und ihn zu fragen: „Entspricht dies noch deinem Traum?" Konnte der Träumer dies mit akzeptierten Abstrichen und Überzeugung bejahen, wurde das Projekt umgesetzt – und war erfolgreich!

Konnte der Träumer die Fassung nicht mehr akzeptieren, wurde das Projekt verworfen, oder mit größerem Zeitabstand erst wieder aufgenommen und erneut in der Form bearbeitet.

Mit dieser Kreativitätstechnik ist der lösungsorientierte Kurzberater gut bedient, da sie die vergleichbare Reihenfolge aufweist wie die Lösungsorientierung. Die Technik ist entweder im meditativen Zustand, vollkommen entspannt, vor dem geistigen Auge zu erarbeiten, oder die einzelnen Räume werden verschiedenen Plätzen im Raum zugeordnet. Indem der Kreative (der Klient) seinen Standort verändert, gibt er gleichzeitig seinen Ideen und Gedanken eine andere Richtung.

Träumer ⟶ Realist ⟶ Kritiker ⟶ ? Träumer

Aufstellen mit Gummibärchen

Bei Klienten, die nicht gut beschreiben können oder denen es schwer fällt, die „Spiele", welche Menschen im beklagten Sachverhalt miteinander spielen, deutlich zu machen, greife ich zu Gummibärchen. Bereits die Wahl der Farbe und noch stärker das Verteilen der „Personen" auf dem „Spielfeld" zeigt schnell Gefühle, Einstellungen und Konstellationen. Erklärungen fallen danach leichter, ich finde Frageansätze. Ebenso können durch Verschieben der „Personen" Wünsche und mögliche Lösungen aufgezeigt werden. Die Machbarkeit kann von außen betrachtet werden.

12

Statt einer Zusammenfassung:

Leitsätze eines lösungsorientierten Kurzberaters

Uns wird nicht nur eine Aufgabe anvertraut, sondern auch das Vertrauen unseres Klienten.

Kreative Lösungen sind Lösungen, die zum Erfolg führen.

Der Erfolg wird bestimmt durch die Wirklichkeitsnähe guter Ideen.

Langfristig angelegte Strategien zu entwickeln, die heute beginnen, muss die Grundlage unserer Arbeit sein.

Meinungen und Erwartungen werden nicht über Nacht geschaffen; Vorurteile nicht kurzfristig abgebaut.

Wir müssen lernen, mit unserem Handwerkszeug zu arbeiten und mit den Tatsachen umzugehen.

Wir widmen uns den Einzelheiten, ohne die Ziele aus den Augen zu verlieren.

Präzise und zuverlässige Realisierung sind die Voraussetzung für einen Erfolg.

Wir setzen uns und unseren Klienten erreichbare Ziele.

Nur solche Maßnahmen, die realistische Ziele verfolgen, schaffen Nutzen.

Ziele müssen vom Klienten „erschaffen" werden und gewollt sein.

Der gute Berater kann nicht nur reden, sondern auch schweigen.

Der lösungsorientierte Berater muss sich und sein Instrumentarium beherrschen.

Es ist ständig notwendig, über den eigenen Tellerrand zu schauen.

Der Berater ist nie „besser" als sein Klient.

Wir experimentieren nicht.

Wir behaupten und verfügen nicht. Wir fühlen, denken, meinen, spüren, aber unterstellen und „wissen" nicht.

Der lösungsorientierte Kurzberater ist ein disziplinierter Beobachter.

Wir versprechen dem Klienten nichts, wenn wir es nicht halten können.

Wir klären den Klienten darüber auf, dass sich der Erfolg der Zusammenarbeit am besten darin zeigt, was der Praxis, dem Alltag standhält.

Wir überfordern unseren Klienten nicht und bieten Entspannungsphasen an.

Wir benötigen das Stehvermögen und die Klarheit einer gesunden Autorität.

Wir schaffen eine angstfreie, vertrauensvolle, auch räumlich angenehme Atmosphäre.

Ein ehrlicher und verantwortungsbewusster Berater wird einen Auftrag ablehnen, wenn er mit der Person oder der Aufgabe im Missverhältnis steht.

Ein lösungsorientierter Kurzberater gibt keine Ratschläge.

Wir schaffen keine Bindung an unsere Klienten.

Ein guter Berater ist so gut, wie er sich schnellst möglich „erübrigt".

Checklisten

Schritte und Gesprächsphasen der Beratungssitzung

✔ Begrüßung
✔ Beziehungsebene schaffen
✔ Entspannung
✔ Einstieg durch Kurzberater
✔ Verabreden der Arbeitsweise und Regeln
✔ Bericht des beklagten Sachverhalts durch den Klienten
✔ Themen sammeln und zusammenfassen
✔ Priorität setzen und bearbeiten
✔ Gesprächs-/Fragephase
✔ Lösungsansätze herausarbeiten/bearbeiten
✔ Lob und Anerkennung
✔ Maßnahmen planen
✔ Zusammenfassen und Akzeptanz des Klienten einholen
✔ Arbeitskatalog erstellen
✔ Hausaufgabe formulieren
✔ Lob und Anerkennung
✔ Klienten mit der Checkliste Hausaufgaben befragen
✔ Vereinbarung treffen (ggf. schriftlich)
✔ nächsten Termin verabreden
✔ Entspannung
✔ Verabschiedung

Hausaufgaben

✔ Womit wollen Sie beginnen?
✔ Womit beginnen Sie?
✔ Wie wollen Sie beginnen?
✔ Wann wollen Sie beginnen?
✔ Mit welchen Arbeitsschritten, Teilschritten wollen Sie arbeiten?
✔ Sind dies „Portionen" für Sie in der richtigen Dosierung?
✔ Bis wann wollen Sie welche Teilschritte erarbeitet haben?

✔ Haben Sie über Alternativen nachgedacht?
✔ An welchen Kriterien werden Sie das Gelingen der Hausaufgabe festmachen?

Die fünf Stufen der möglichen Beeinflussung durch einen Kurzberater

Aufschließen
✔ Kontakt herstellen
✔ Aufmerksamkeit wecken
✔ Sympathie erreichen
✔ Bereitschaft zum Gespräch schaffen

Interessieren
✔ Vorteile anbieten
✔ Bewusstsein entwickeln
✔ Punkte vertiefen
✔ Fragen

Überzeugen
✔ Logik entwickeln
✔ Kreativitätstechniken benutzen
✔ Begründungen erfragen
✔ Sachlichkeit anstreben
✔ Argumentationen fordern
✔ Analogien anbieten

Beeinflussen
✔ Lebendigkeit in der Arbeit
✔ Motivation schüren
✔ Lob und Anerkennung geben

Gewinnen
✔ Glaubwürdigkeit vermitteln
✔ Autorität und Festigkeit bieten
✔ Disziplin halten
✔ Vertrauen als höchstes Ergebnis erzielen

Zielfindung

- ✔ Von welchen Zielen träume ich?
- ✔ Was will ich ganz genau erreichen?
- ✔ Wie viel will ich erreichen, was ist meine Sollgröße?
- ✔ Warum will ich das erreichen?
- ✔ Möchte ich das persönlich erreichen, oder bin ich fremdbestimmt?
- ✔ Wie will ich werden?
- ✔ Gibt es offene Ziele?
- ✔ Gibt es versteckte Ziele?
- ✔ Bis wann will ich mein Ziel erreicht haben?
- ✔ Welches Zwischenziel will ich bis wann erreicht haben?
- ✔ Welche Chancen bietet mir mein Ziel?
- ✔ Welche Risiken beinhaltet mein Ziel?
- ✔ Was wird sich mit meinem Ziel verändern?
- ✔ Wie wird mein Umfeld reagieren?
- ✔ Wie weit muss ich das Umfeld einbeziehen und womit?
- ✔ Welche Situationen und welche Personen können mir hinderlich sein?
- ✔ Bin ich auch mit Teilzielen zufrieden?
- ✔ Welche Stärken habe ich?
- ✔ Welche Schwächen sind mir bewusst?
- ✔ Welche Absicht will ich schon länger in die Tat umsetzen?
- ✔ Habe ich ein ähnliches Ziel beruflich oder privat schon einmal erreicht und wenn ja, wie und womit?
- ✔ Kenne ich andere Personen, die ein vergleichbares Ziel erreicht haben und was haben sie mir voraus?
- ✔ Was muss ich aufgeben und was erhalte ich dafür?
- ✔ Steht mein geplanter Einsatz für das, was ich erhalte?
- ✔ Wie würde ich mich jetzt verhalten, wenn ich mein Ziel schon erreicht hätte?
- ✔ Wie reagiere ich, wenn ich mein Ziel nicht erreiche?
- ✔ Habe ich Alternativziele?

Literaturverzeichnis

ADLER, ALFRED, Die Technik der Individualpsychologie 1. Die Kunst, eine Lebens- und Krankengeschichte zu lesen, Frankfurt a. M.: Fischer, 1974.
BANDLER, RICHARD/GRINDER, JOHN, Neue Wege der Kurzzeit-Therapie. Neurolinguistische Programme, Paderborn: Junfermann, 1997.
BECK, AARON T./FREEMANN, ARTHUR u. a., Kognitive Therapie der Persönlichkeitsstörungen, Weinheim: Beltz, 4. Aufl., 1999.
BENESCH, HELLMUTH, dtv-Atlas zur Psychologie, München: dtv, 3. Aufl. 1993.
BERNE, ERIC, Spiele der Erwachsenen. Psychologie der menschlichen Beziehungen, Reinbek: Rowohlt, 1995.
BUZAN, TONY/BUZAN, BARRY, Das Mind-Map-Buch. Die beste Methode zur Steigerung ihres geistigen Potentials, Landsberg: Verlag moderne industrie, 1996.
DE SHAZER, STEVE, Der Dreh. Überraschende Wendungen und Lösungen in der Kurzzeit-Therapie, Heidelberg: Carl-Auer-Systeme-Verlag, 5. Aufl. 1997.
DE SHAZER, STEVE, Wege der erfolgreichen Kurztherapie, Stuttgart: Klett-Cotta, 1997.
ELLIS, ALBERT, Training der Gefühle. Wie Sie sich hartnäckig weigern, unglücklich zu sein, Landsberg: Verlag moderne industrie, 1996.
FRIEDMANN, DIETMAR, Die Entdeckung der eigenen Persönlichkeit, München: Ehrenwirth, 2. Aufl., 1991.
FRIEDMANN, DIETMAR, Lass dir nichts vormachen, München: Ehrenwirth, 1993.
FRIEDMANN, DIETMAR, Integrierte Kurztherapie. Neue Wege zu einer Psychologie des Gelingens, Darmstadt: Primus, 1997.
GORDON, THOMAS, Managerkonferenz. Effektives Führungstraining, München: Heyne, 1995.
HEIDER, JOHN, Das Tao der Führung, Basel: Sphinx, 4. Aufl., 1995.
KERSTING, HEINZ J., Systemische Perspektiven in der Supervision und Organisationsentwicklung, Bd. 5, Aachen: ibs-Verlag, 1996.
LÖHMER, CORNELIA/STANDHARDT, RÜDIGER, Themenzentrierte Interaktion (TZI), Mannheim: PAL, 2. Aufl., 1992.
MASLOW, ABRAHAM H., Motivation und Persönlichkeit, Reinbek: Rowohlt, 1981.
MEYER, WULF-UWE/SCHÜTZWOHL, ACHIM/REISENZEIN, RAINER, Einführung in die Emotionspsychologie I, Bern: Hans Huber, 1993.
RATTNER, JOSEF, Psychologie der zwischenmenschlichen Beziehungen, Augsburg: Bechtermünz Verlag für Weltbild GmbH, 1999 (genehmigte Lizenzausgabe).
ROGERS, CARL R., Die nicht-direktive Beratung, Frankfurt a. M: Fischer, 1994.
SCHELP, THEO/GRAVEMEIER, RALF/MALUCK, DORIS, Rational-Emotive Therapie als Gruppentraining gegen Stress, Bern: Huber, 2. Aufl., 1997.
TAUSCH, REINHARD/TAUSCH, ANNE-MARIE, Gesprächspsychotherapie. Hilfreiche Gruppen- und Einzelgespräche in Psychotherapie und alltäglichem Leben, Göttingen: Hogrefe, 9. Aufl., 1990.
WACK, OTTO GEORG/DETLINGER, GEORG/GROTHOFF, HILDEGARD, Kreativ sein kann jeder. Kreativitätstechniken für Leiter von Projektgruppen, Arbeitsteams, Workshops und von Seminaren, Hamburg: Windmühle, 1998.
WATZLAWICK, PAUL, Die Möglichkeit des Andersseins. Zur Technik der therapeutischen Kommunikation, Bern: Huber, 1991.
WATZLAWICK, PAUL, Lösungen. Zur Theorie menschlichen Wandels, Die Möglichkeit des Andersseins, Bern: Huber, 1974.
ZIMBARDO, PHILIP G., Psychologie, Berlin u. a.: Springer, 5. Aufl., 1992.

Zur Autorin

Ursula Wolters, Jg. 1949, ist als lösungsorientierte Kurzzeittherapeutin, Coach, Mediatorin und Dozentin selbstständig tätig. Sie arbeitet in den Bereichen Personal- und Organisationsentwicklung, Persönlichkeitsentwicklung, Führungs- und Teamtrainings, Coaching, Supervision, Mediation, Trainer- und Beraterausbildungen sowie Call-Center-Schulungen. Sie arbeitet von Einzelperson bis zur Großgruppe stets systemisch lösungsorientiert.

Wolters erlernte zunächst die Berufe Filmcutterin, Einzelhandelskaufmann. Sie arbeitete als selbständige Unternehmerin, als Geschäftsführerin im Einzelhandel, im Großhandel und als Einkäuferin. Nach Auslandserfahrungen, in denen sie in die Personalleitung von internationalen Gruppen involviert war, rundete sie ihre Kaufmannskarriere mit einer leitenden Position im Vertrieb ab. Neben ihrer Managertätigkeit absolvierte sie Ausbildungen zur Trainerin. Mit 40 Jahren begann sie ihr Studium an einem psychologischen Privatinstitut und Privatakademien u. a. in den Bereichen lösungsorientierte Kurzzeittherapie, psychologische Beratung und Supervision. Eine Ausbildung zur Wirtschaftsmediatorin rundete ihr Handwerkszeug ab.

Wolters gründete und leitet seit 1994 *Das Kölner Dozententeam DKDT* und *Das Institut für Organisations + Personalentwicklung IOP*. Sie betreut mit ihrem Team Firmen, Verbände, Akademien und Kommunen. Ihr Spezialgebiet ist das Führungs- und Teamcoaching auf der Basis lösungsorientierter Kurzberatung. Sie führt die Arbeit ebenso erfolgreich durch, wie sie die Ausbildungen für Führungskräfte und Berater leitet.

Bücher für gute Beratung

👁 **Michael Loebbert**
The Art of Change
Von der Kunst, Veränderungen in Unternehmen
und Organisationen zu führen
2006, 179 Seiten, gebunden
ISBN 3-931085-54-6

*„Michael Loebbert hat ein schönes, ein prägnantes Buch geschrieben,
das sich zugleich auch als Essay über Veränderung lesen lässt." (ChangeX.de)*

👁 **Michael Mohe (Hrsg.)**
Innovative Beratungskonzepte
Ansätze, Fallbeispiele, Reflexionen
2005, 319 Seiten, mit Abbildungen, gebunden
ISBN 3-931085-51-1

*„Sehr empfehlenswert für die Praxis und für an Consulting ernsthaft Interessierte.
Lesen!" (GFPMagazin)*

*Ein lesenswertes Buch für Beratende, die sich sowohl in ihrem eigenen Denken,
Fühlen und Handeln überprüfen als auch für jene, die sich positionieren möchten."
(GABAL impulse)*

👁 **Andreas Patrzek**
Fragekompetenz für Führungskräfte
Handbuch für wirksame Gespräche mit Mitarbeitern
3. Aufl. 2005, 363 Seiten, mit 30 Abbildungen, gebunden
ISBN 3-931085-41-4

*„Das menschliche Zusammenleben in Organisationen, Verbänden oder Familien
wäre besser, wenn das berücksichtigt würde, was man in diesem Buch erfährt."
(Prof. Dr. Dr. h.c. Lutz von Rosenstiel)*

„Ein effektives Werkzeug für wirksamere Kommunikation." (business bestseller)

**Rosenberger-Bücher
gibt es direkt beim
Verlag und überall
im Buchhandel**

Rosenberger
Fachverlag

**Bücher für Berater
und Führungskräfte**
Postfach 1616 · D 71206 Leonberg
Telefon 07152.22627 · Fax 24321

👁 **Sie finden Leseproben
auf unserer Internetseite**
info@rosenberger-fachverlag.de
www.rosenberger-fachverlag.de